CATARATA

Sonia García Aguña

Muerte digna

LA DIMENSIÓN SOCIAL DEL FIN DE VIDA DESDE UNA PERSPECTIVA BIOPSICOSOCIAL

SERIE DESARROLLO Y COOPERACIÓN
DIRIGIDA POR ESTEBAN SÁNCHEZ MORENO

ZURBANO, 76
28010 MADRID
TEL. 91 532 20 77
WWW.CATARATA.ORG

MUERTE DIGNA.
LA DIMENSIÓN SOCIAL DEL FIN DE VIDA DESDE UNA PERSPECTIVA BIOPSICOSOCIAL

ISBN: 978-84-1067-443-1
DEPÓSITO LEGAL: M-20.411-2025
THEMA: JBFV4/JHBZ

ÍNDICE

PRESENTACIÓN

A medida que vivimos más tiempo, el momento de la muerte incrementa su importancia. En las sociedades del bienestar y la riqueza, el incremento de la esperanza de vida ha ido vinculándose progresivamente a las mejoras en la alimentación, en la salubridad del entorno, al desarrollo de instituciones sociosanitarias, a los avances en la medicina y en su tecnología, al estilo de vida cada vez más saludable... y un largo etcétera de factores que han contribuido a fundamentar la expectativa de una vida larga y de calidad. La expectativa de una buena vida.

Mi impresión es que en este proceso se ha instalado, de manera discreta y silenciosa, un alejamiento de la muerte; una necesidad de dotarnos de mecanismos que eviten que la muerte interfiera en nuestras vidas. La inmediatez que define la modernidad tardía ha conseguido que nos instalemos en un presente que es al mismo tiempo constante y cambiante, es decir, un presente que se repite en breves periodos de tiempo con ligeras variaciones que lo hacen diferente a nuestros ojos. Esta centralidad del presente, propia de las sociedades hiperdigitalizadas, desintegra y fragmenta la vida, que deja de ser un anclaje de nuestras narrativas vitales y se convierte en un episodio que necesitamos esconder tanto tiempo como sea posible. En palabras de Byung-Chul Han: "La muerte ha dejado de integrarse en una narrativa de redención que de sentido a la vida". El problema, tal vez, es que por primera vez una gran parte de la humanidad (precisamente, aquella que llamamos "desarrollada") ha desvinculado el buen morir del buen vivir, la buena muerte de la buena vida.

La lejanía de la muerte no es solo psicológica, existencial, subjetiva. También es social. En el libro que está a punto de comenzar, Sonia García Aguña muestra que, en ese proceso de alargamiento de la vida, el momento de la muerte —que no es un instante, sino un proceso— ha sido segregado de sus entornos naturales. En la medida en que las sociedades comienzan a considerar que la muerte no es solo un límite de la vida, sino cada vez más un límite de la medicina y de la tecnología, comenzamos a morir menos donde vivimos y a morir más donde somos curados. Esta dimensión social y organizacional de la muerte debe incorporarse a la reflexión bioética en torno a lo que entendemos por el buen morir, comenzando por una reflexión colectiva sobre la tecnificación de la muerte y sus consecuencias en los lazos sociales que se desarrollan alrededor de la pérdida de los seres queridos. No se trata de negar el protagonismo de la medicina en la salud, la enfermedad y el final de la vida, sino de reincorporar la muerte en la vida comunitaria en todo su proceso, acercar de nuevo el final de los días de una persona al mundo en el que transcurrieron.

Tal vez ello contribuya a recuperar la narrativa que da sentido a la vida en nuestras sociedades. A evitar que contemplemos la muerte a nuestro alrededor como un instante y comprender así el significado que la muerte tiene en grandes zonas del planeta, donde continúa estando presente en el día a día, en la vida cotidiana, insoslayable. Tal vez nos ayude a comprender la crisis ética y moral que nuestras sociedades atraviesan y que nos lleva a tolerar la imagen de la muerte de personas que escapan de la miseria y que se produce un poco más allá de nuestras fronteras, a unos centímetros de nuestro presente-sin-muerte. Tal vez nos ayude a repudiar con todas nuestras fuerzas el genocidio que el Estado de Israel está ejecutando en Gaza y que nos devuelve la imagen de la muerte como protagonista trágica de la humanidad deshumanizada y rota.

ESTEBAN SÁNCHEZ
Director de la colección Desarrollo y Cooperación

CAPÍTULO 1

MUERTE Y DIGNIDAD: UNA MIRADA HUMANIZADA DESDE EL MODELO BIOPSICOSOCIAL

1. DE LA MUERTE COMO PROCESO NATURAL A LA MUERTE MEDICALIZADA

Para abordar de manera adecuada los conceptos de vida digna y muerte digna, es indispensable exponer, aunque de forma algo superflua, la percepción que la sociedad occidental contemporánea tiene sobre la muerte. Esta percepción no puede analizarse de forma aislada, ya que está estrechamente unida a una serie de antecedentes socioculturales, religiosos, filosóficos e históricos que han moldeado, a lo largo del tiempo, la manera en que entendemos el morir. Desde las tradiciones grecolatinas hasta las influencias judeocristianas, pasando por los cambios provocados por la modernidad, la secularización y el avance de la biomedicina, cada época ha dejado una huella particular en la manera de concebir el fin de la vida. Por tanto, comprender el significado actual de una muerte digna exige mirar hacia atrás e identificar las narrativas dominantes que han prevalecido en los distintos momentos históricos.

El temor hacia la muerte comienza a manifestarse con mayor claridad entre los siglos XII y XIII, cuando la vida era concebida fundamentalmente como una preparación para la muerte, entendida esta como el momento decisivo en que las almas serían juzgadas, inclinándose la balanza hacia la salvación o la condena, asociándose con la impureza, el peligro y lo desconocido (Quinaglia, 2019). No obstante, hasta bien entrado el siglo XVIII no se establece una separación dicotómica y radical entre vida y muerte. Por el contrario, esta última era vista como una etapa más dentro del ciclo vital, profundamente integrada en lo cotidiano, con un carácter doméstico y comunitario. De hecho, hasta la Edad Media, existía una convivencia simbólica y espacial entre la vida y la muerte, siendo el cementerio no un lugar marginal, sino el centro mismo de la vida social y religiosa, aspecto hoy en día impensable (Rodrigues, 2006).

Con la tecnificación impulsada por la revolución científica, el cuerpo humano comenzó a ser concebido como un objeto de estudio, susceptible de ser comprendido, intervenido e incluso dominado a través del conocimiento científico (Wolfe y Gal, 2010). Esta nueva mirada se basaba en la premisa de que la naturaleza —incluida la vida y la muerte— podía ser controlada por medio de la razón y el progreso técnico. En este marco, la muerte ya no se consideraba un límite de la vida, sino de la medicina, y se transformó en un desafío médico antes que en un acontecimiento existencial o espiritual (Quinaglia, 2019). A partir del siglo XIX, esta concepción se acentúa y con ella ocurre un fenómeno significativo, el desplazamiento del lugar de la muerte (Zanei *et al.*, 2019). Morir deja de ser un acto inserto en la vida comunitaria y familiar para convertirse progresivamente en un proceso medicalizado y hospitalario. El lecho del hogar cede su lugar al de los hospitales, y con ello la muerte se aleja del espacio público y afectivo para instalarse en el ámbito técnico.

Todo este proceso de transformación en la percepción de la muerte favorece que, durante los siglos XX y XXI, se busque activamente su invisibilización, alejándola del plano cotidiano y normalizado que había tenido en siglos anteriores (Colombo y Molinari, 2022; Ferreira *et al.*, 2023). La muerte, que antes formaba parte de la experiencia compartida y familiar, comienza a ser percibida como una anomalía, algo que debe evitarse, ocultarse o posponerse. Progresivamente, pasa de estar presente por resultar familiar a difuminarse y, por último, a desaparecer, volviéndose un tabú e, incluso, algo vergonzante (Ariès, 2000). Este cambio de paradigma impulsa, entre otros factores, una inversión creciente en áreas como la medicina, la seguridad social y los sistemas de previsión, bajo la lógica de que la muerte ya no es un destino inevitable, sino un fracaso evitable. Así, se impone una visión según la cual morir se convierte en un atraso de la ciencia. Esta negación de la muerte y su exclusión del espacio público reflejan también un rasgo característico de las sociedades modernas en las que predomina la reafirmación de la individualidad, la autonomía y el control sobre el cuerpo y la vida (Morin, 1974).

Sin embargo, el problema de la muerte trasciende la racionalidad y se adentra en el campo de la emocionalidad y espiritualidad de las personas, quienes, a pesar de reconocerlo como algo natural, tratan de evadir la confrontación que supone encontrarse ante un fenómeno que no solo pone fin a la vida, sino que es inexorable. Esta dificultad emocional contribuye a reforzar el proceso ya mencionado de ocultación de la muerte, así como del sufrimiento que suele acompañar a las enfermedades incurables. Esto promueve un silencio social y médico en torno a la muerte que además fomenta la marginación de quienes lo transitan, negando espacios de acompañamiento, sentido y cuidado integral (Maciá, 2008; Maglio *et al.*, 2016).

En la actualidad, y retomando el desplazamiento de la muerte, en Europa la esperanza de vida se sitúa en torno a los 80-85 años, resultado de un incremento sostenido durante las últimas décadas (Eurostat, 2025a). Este aumento en la longevidad ha traído consigo un crecimiento significativo en el número de personas que viven con algún grado de dependencia funcional o enfermedad crónica. Como consecuencia, se ha observado un cambio en los patrones de mortalidad, siendo actualmente la mayoría de muertes por enfermedades crónicas y no por causas agudas o traumáticas (Cheng *et al.*, 2020), fenómeno que contribuye a modificar el lugar donde ocurre el fallecimiento, predominando cada vez más los hospitales y las instituciones de cuidado de larga duración como escenarios habituales del final de la vida (Amblàs *et al.*, 2006; Stilos *et al.*, 2016).

En este contexto, tanto pacientes como personas significativas y equipos asistenciales suelen enfrentar grandes dificultades para asumir que la enfermedad ha dejado de ser curable. Esta realidad evidencia la necesidad urgente de una intervención sociosanitaria más humanizada, capaz de acompañar el proceso de morir de manera integral, pues el sufrimiento que persiste a pesar de los avances tecnológicos y farmacológicos interpela, y recuerda que su alivio requiere una medicina verdaderamente humana que contemple a la persona en todas sus dimensiones (biológica, psicológica, social y espiritual).

Máxime porque en este escenario —generalmente necesario— en el que la muerte transcurre dominada por equipamiento tecnológico e incluso en soledad, puede verse reducido su carácter humano y natural. Esta despersonalización del proceso de morir no solo impacta negativamente en la vivencia personal, sino que también genera una creciente preocupación tanto en la sociedad como en los/as profesionales de la salud. Como respuesta, se han ido desarrollando iniciativas orientadas a minimizar los efectos indeseados de una muerte institucionalizada, promoviendo enfoques más humanizados que reconozcan el valor de la dignidad, el acompañamiento y el cuidado integral en la etapa final de la vida.

Así, el perfeccionamiento técnico-científico por parte de la medicina ha traído consigo importantes avances, pero también interrogantes fundamentales sobre el alcance y los límites que esta debe tener, especialmente al momento de acompañar a una persona en proceso de morir. En particular, surgen preocupaciones éticas cuando el uso de tecnologías y tratamientos se orienta exclusivamente a la prolongación de la vida a toda costa, sin considerar adecuadamente la calidad de vida ni la dignidad. Se conforman inquietudes que llegan al plano filosófico y no solo clínico, muchas veces enmarcadas en verdaderos dilemas éticos, y que invitan a reflexionar profundamente sobre los conceptos de calidad de vida, vida digna y muerte digna, y sobre cómo deberían guiar las decisiones en el ámbito del cuidado y la atención al final de la vida.

2. EL *CONTINUUM* VIDA DIGNA, MUERTE DIGNA

Ante estas inquietudes para nada recientes, aunque sí actuales, en la década de 1970 de la mano de Van Rensselaer Potter en Estados Unidos se acuña el término *bioética*, con el objetivo de integrar los saberes biomédicos y humanísticos para establecer principios que orienten la acción clínica y científica. La bioética se constituye como un campo interdisciplinario dedicado a reflexionar críticamente sobre los dilemas morales que plantea el avance de la ciencia, especialmente en relación con la vida, la salud, el sufrimiento y la muerte (Potter, 1970, 1971).

Uno de los aspectos de los que se ocupa la bioética, y que aquí nos concierne, es la noción de muerte digna, concebida en este trabajo como un *continuum* de la vida digna, digna en sí misma pero que debe ser dignificada por parte de la sociedad y sus instituciones, quienes deben permitir que cualquier persona tenga unas condiciones lo suficientemente buenas como para que reconozcan su vida como un bien valioso y digno de ser vivido y concluido en paz.

En relación con el concepto de muerte digna —también expresado como morir dignamente, morir con dignidad, buena muerte o buen morir—, cabe señalar que se trata de un término éticamente complejo y de amplio alcance, que hasta el día de hoy carece de una definición única y universalmente aceptada. No existe consenso pleno sobre su significado y continúa siendo objeto de debate tanto su delimitación conceptual como su reconocimiento jurídico, particularmente en torno a la posibilidad de considerarlo un derecho universal emergente (Simón *et al.*, 2008).

Frecuentemente, además, el concepto de muerte digna se utiliza de forma equivocada como sinónimo de prácticas específicas como la eutanasia o el suicidio médicamente asistido. Aunque estas acciones pueden estar relacionadas en algunos contextos, es fundamental distinguirlas, ya que no son equivalentes y remiten a marcos éticos, jurídicos y clínicos distintos.

Si bien, a pesar de que el concepto de muerte digna carece de una definición única y consensuada, se puede plantear un acercamiento que permita delimitar sus características fundamentales. Diversos/as autores/as coinciden en que las principales cualidades que definen una buena muerte incluyen la ausencia de dolor, el mantenimiento de la dignidad, el apoyo emocional y afectivo de la familia, la autonomía en la toma de decisiones por parte de la persona en proceso de morir, así como la posibilidad de resolver asuntos personales pendientes (Carbonell *et al.*, 2021).

También, se han realizado algunos esfuerzos por establecer principios de la muerte digna que incluyen algunas cuestiones (*British Medical Journal*, 2000):

a) Saber que se va a morir.
b) Mantener el control sobre la situación que se vive.
c) Aliviar el dolor y otras sintomatologías.
d) Mantener la dignidad y privacidad.
e) Elegir lugar y compañía en el momento de morir.
f) Acceso a información y cuidados paliativos.
g) Desarrollar una normativa para asegurar el respeto de los derechos de los/as pacientes.

h) Tener la oportunidad de despedirse.
i) No prolongar la vida de forma indefinida.

En cuanto a sus características, las aproximaciones son fundamentales para orientar no solo la práctica médica, sino también las políticas públicas en torno al final de la vida, así como para garantizar el respeto a los derechos y la autonomía de las personas. En este sentido, Maciá (2008) ofrece una definición clara y precisa que destaca la importancia de la voluntad de la persona y la necesidad de acompañar el proceso con cuidados paliativos adecuados y consuelo humano, reconociendo el derecho a finalizar la vida sin sufrimiento cuando la curación ya no es posible. Según el autor, la muerte digna es:

> Deseada por una persona, se produce asistida de todos los alivios y cuidados paliativos médicos adecuados, así como con todos los consuelos humanos posibles. En otras palabras; una muerte digna es el hecho y el derecho a finalizar la vida voluntariamente sin sufrimiento, propio o ajeno, cuando la ciencia médica nada puede hacer para la curación de una enfermedad mortal (Maciá, 2008: 2).

Para la Sociedad Española de Cuidados Paliativos (SECPAL) (s.f.a), morir dignamente implica, en primer lugar, vivir de forma digna hasta el final de la vida, reconociendo que la muerte es únicamente un instante en el continuo vital. Por ello, resulta fundamental considerar a la persona en su integridad, respetando sus creencias, valores y su capacidad para tomar decisiones informadas. En este sentido, morir dignamente no se reduce únicamente a la ausencia de dolor físico, sino que requiere contemplar una multiplicidad de factores, entre los que destacan el entorno sociocultural.

En el caso concreto de pacientes con enfermedades incurables, la principal problemática radica en la necesidad de priorizar la calidad de vida sobre la mera cantidad o duración de la misma. Esto debe hacerse siempre respetando sus deseos, reconociendo que cada persona es única y que el proceso de morir es una experiencia individual y personal. Amaro (1998) plantea que morir con dignidad significa que cada persona tome decisiones sobre su propia muerte, conociendo si lo desea la existencia de su proximidad y pudiendo realizar todos los arreglos materiales, sociales y espirituales necesarios para que el tiempo que le quede de vida sea en base a la garantía de su bienestar.

A este respecto, Simón *et al.* (2008) señalan cinco escenarios de relevancia capital para la toma de decisiones clínicas al final de la vida, aspectos que conformarían la idea más general de muerte digna:

1. Eutanasia y suicidio médicamente asistido: conceptos que se tratarán más adelante con detenimiento.
2. Limitación del esfuerzo terapéutico (LET): retirar o no iniciar medidas terapéuticas porque se consideran inútiles o fútiles, prolongando la vida biológica sin una recuperación funcional con calidad de vida mínima (Herreros, Palacios y Pacho, 2012). La diferencia entre la LET y la eutanasia es que la primera no impide la muerte, mientras que la segunda la produce. De no darse una LET, se incurriría en obstinación terapéutica, o la "aplicación de medidas no indicadas, desproporcionadas o extraordinarias con el objetivo de alargar innecesariamente la vida" (Organización Médica Colegial de España, s.f.: 5). Otro concepto relacionado es el de Limitación de Tratamientos de Soporte Vital (LTSV), siendo el más frecuente el no inicio de tratamientos (Rubio y Ventura, 2020).
3. Rechazo de tratamientos: recogido en documentos como la Declaración Universal sobre Bioética y Derechos

Humanos de la Organización de las Naciones Unidas para la Educación, la Ciencia y la Cultura (UNESCO) (2005), el Convenio de Oviedo de 1997 y códigos deontológicos como el Código de Deontología Médica del Consejo General de Colegios Oficiales de Médicos (2011), que expone que "el médico ha de respetar el derecho del paciente a rechazar total o parcialmente una prueba diagnóstica o el tratamiento" (artículo 12.2).

4. Sedación paliativa: "disminución deliberada de la conciencia del enfermo mediante la administración de los fármacos apropiados con el objetivo de evitar un sufrimiento insostenible causado por uno o más síntomas refractarios" (Organización Médica Colegial de España, s.f.: 8). También existe un subtipo de sedación en los últimos días u horas de vida, la sedación en la agonía. Con síntoma refractario nos referimos al "síntoma que no puede ser adecuadamente controlado con los tratamientos disponibles, aplicados por médicos expertos, en un plazo de tiempo razonable" (Ley 4/2017, de 9 de marzo, de Derechos y Garantías de las Personas en el Proceso de Morir, artículo 5.13).
5. Suspensión de la atención médica por fallecimiento: cuando se cumplen los criterios referidos a la constatación de la muerte recogidos en el Real Decreto 1723/2012, de 28 de diciembre, por el que se regulan las actividades de obtención, utilización clínica y coordinación territorial de los órganos humanos destinados al trasplante y se establecen requisitos de calidad y seguridad.

En estos cinco escenarios y en todo caso, se debe partir de un proceso de toma de decisiones basado en el consentimiento informado, definido en la Ley 41/2002, de 14 de noviembre, básica reguladora de la autonomía del paciente y de derechos y obligaciones en materia de información y documentación clínica como "la conformidad libre, voluntaria y consciente de un paciente, manifestada en el pleno uso de sus facultades después de recibir la información adecuada, para que tenga lugar una actuación que afecta a su salud" (artículo 3).

En este, se pondera no solo la evaluación clínica por parte de profesionales, sino también aspectos como el pronóstico, el horizonte temporal, los deseos del/la paciente, la opinión de su representante, el contexto familiar, los condicionantes asistenciales o sociales (Simón *et al.*, 2008). Se tienen en cuenta, por ende, los valores vitales definidos en leyes como la Ley 4/2017, de 9 de marzo, de Derechos y Garantías de las Personas en el Proceso de Morir como el "conjunto de valores y creencias de una persona que dan sentido a su proyecto de vida y que sustentan sus decisiones y preferencias en los procesos de enfermedad y muerte" (artículo 5.15).

En lo que respecta a la normativa, y particularmente en el ámbito internacional europeo, la muerte digna se enmarca dentro de una serie de parámetros ético-jurídicos que han ido tomando forma en las últimas décadas, en respuesta a las demandas sociales por un final de vida más humano, respetuoso y autónomo. Según Maciá (2008), esta normativa se configura dentro de los siguientes parámetros:

a) El derecho a la autodeterminación.
b) El derecho a una información veraz y completa respetando, en su caso, el deseo de no ser informado/a.
c) El derecho a consultar a otros/as profesionales que no sean los/as que les atienden habitualmente.
d) Garantizar que ninguna persona sea tratada contra su voluntad, ni influenciada por terceras personas ni presiones económicas.
e) El derecho a que las voluntades anticipadas sean respetadas. En caso de no haberlas, que no se infrinja el derecho del/la paciente a la vida.

En lo que respecta a la legislación autonómica española, se abordará en el apartado dedicado a los cuidados paliativos el marco normativo específico que regula los derechos y garantías de las personas en el proceso de morir, así como las disposiciones relativas al ejercicio de una muerte digna. Estas leyes, desarrolladas por distintas comunidades autónomas a falta de una ley estatal, constituyen un avance significativo en la protección de la autonomía y en la consolidación de un enfoque humanizado al final de la vida.

Con todo, a partir de los conceptos y principios desarrollados, se propone aquí una comprensión del concepto de muerte digna como la capacidad de autodeterminación de la persona en proceso de morir. Esta autodeterminación no se expresa de forma homogénea, sino que varía en función de la cosmovisión de cada persona, su sistema de valores y la significación personal que le atribuya a la muerte y, en particular, a su propia muerte. No obstante, tal como señalan algunas críticas, centrar el enfoque en la autodeterminación no debe interpretarse como una forma de reduccionismo individualista. Por el contrario, se parte del reconocimiento de la complejidad inherente a este fenómeno, en el que intervienen múltiples factores y agentes —familiares, personas significativas, profesionales, contextos institucionales y marcos socioculturales— que inciden en la experiencia del final de la vida.

Asimismo, no se trata de legislar cada caso de manera aislada, sino de garantizar un marco de derechos que permita a la ciudadanía ejercer su libertad de elección de forma informada y respetuosa con su dignidad. Se busca, en definitiva, ofrecer alternativas viables y éticamente sustentadas para que las personas puedan decidir, dentro de lo posible, no solo cómo vivir, sino también cómo morir, reconociendo —sin obviar los condicionamientos sociales y culturales— que esa elección es parte constitutiva de una vida plena y autónoma.

3. EL MODELO BIOPSICOSOCIAL Y LA HUMANIZACIÓN SANITARIA COMO CONCEPTOS TRANSVERSALES

Como se ha mencionado anteriormente, la atención sanitaria al final de la vida debe tener en cuenta las dimensiones biológica, psicológica, social y espiritual en pro de intervenciones humanizadas, pero no siempre se ha dado esta orientación. A lo largo de la evolución histórica en torno a cómo se conciben la salud, la enfermedad y la muerte, pueden identificarse fundamentalmente dos enfoques que han adquirido un carácter prácticamente paradigmático. Estos posicionamientos, considerados por autores como Engel (1977) como "ostensiblemente opuestos", reflejan formas divergentes de entender los procesos de salud y enfermedad.

Estas visiones más amplias se ejemplifican de manera concreta en dos modelos contrapuestos. Por una parte, en el modelo biomédico caracterizado por el estudio de solo algunos aspectos de la gran red de fenómenos que influyen en la salud y que no tiene en cuenta los aspectos psicosociales por no considerarlos relevantes en el contexto de enfermedad (Turabián y Pérez-Franco, 2014). Y, por otra parte, en el modelo biopsicosocial propuesto por Engel (1977) que entiende que los sistemas biológico, psicológico y social son dinámicamente interdependientes.

Si bien, cabe señalar que la biología no excluye en todo caso los factores psicosociales, aunque sí lo hace aquella que se basa en una concepción reduccionista, a menudo extensamente asentada. Por ello, en las últimas décadas, el modelo biomédico ha seguido afianzando en este sentido su dominancia, postulando que todavía hay aspectos que pueden estudiarse como entidades discretas, con su propia etiología, epidemiología, diagnóstico, tratamiento y evolución (Escobar y Uribe, 2014).

Ante esta concepción parcial, a partir de los años cincuenta del siglo XX, toman fuerza los postulados de la escuela de Viena que realizan experimentos en el Prater Vivarium y que cobijaba a los biólogos sistémicos de la época. Aquí nace la teoría general de sistemas de Von Bertalanffy, un marco conceptual que superaba el reduccionismo planteado pues permitía abordar tanto partes organizadas como componentes (Moya, 2015). Integraba, por tanto, lo que Engel entendía como fenómenos tangibles o biológicos (los que pueden verse, tocarse o medirse numéricamente) y los intangibles o psicosociales (los que no pueden verse, tocarse ni medirse con precisión numérica).

Con estos antecedentes, surge como respuesta al modelo biomédico predominante en las sociedades industrializadas del siglo XX el modelo biopsicosocial mencionado. Con él, se trató de superar el reduccionismo biologicista y el dualismo cuerpo-mente, sobre todo porque este dualismo significaba una diferenciación tajante entre lo físico, la biografía y las emociones de las personas. En esta misma línea, más recientemente, Ramos (2001) va más allá en su rechazo a los presupuestos atomistas y expone que los fenómenos mentales tienen tres facetas: la física, la psicológica y la social, lo que supone que "no hay mentes inmateriales [...] no hay mentes sin conciencia [...] solo hay mentes en sociedades" (p. 22); lo físico, lo psicológico y lo social son lo mismo, pero visto desde diferentes ángulos.

En este punto, resulta pertinente destacar que, si bien Engel (1977) plantea la salud como el polo opuesto de la enfermedad, evita incurrir en una definición reduccionista o dicotómica. En lugar de ello, propone una concepción más matizada y dinámica, compatible con un modelo dimensional en el que la salud y la enfermedad no son estados absolutos, sino extremos de un mismo continuo. Según esta perspectiva, ambos conceptos se encuentran claramente diferenciados en sus manifestaciones más definidas o extremas, pero presentan zonas intermedias menos delimitadas, donde las fronteras entre uno y otro se vuelven difusas.

Actualmente, se trata de un modelo aceptado y se procura que la atención sociosanitaria parta de sus bases (González *et al.*, 2015). Sin embargo, cuando el modelo biopsicosocial fue presentado ante la comunidad médica en su momento, generó críticas y controversia en diversos sectores. A pesar de ello, el término logró introducirse progresivamente en la *praxis* clínica, influyendolo en la manera en que se comprendían y abordaban los procesos de salud y enfermedad. No obstante, es importante señalar que Engel (1977) no desestimaba las contribuciones ni los avances alcanzados por el modelo biomédico, reconocía su valor en determinados contextos clínicos. Su crítica se dirigía a una serie de limitaciones estructurales y epistemológicas que, a su juicio, restringían la comprensión integral de la experiencia humana de la enfermedad.

Aun cuando las críticas y las posturas contrarias no fueron menores, la propuesta del modelo biopsicosocial fue bien recibida por aquellos sectores que buscaban incorporar la empatía y el humanismo en la práctica médica. Esta aceptación se debió, en parte, a que el modelo ofrecía dos vertientes fundamentales. En primer lugar, un enfoque causal que superaba el tradicional esquema lineal de causa-efecto y, en segundo lugar, la concepción del/la paciente como sujeto activo en su proceso de atención y no como un objeto de intervención médica (Engel, 1980).

Esta crítica al modelo causal clásico promovido por la biomedicina condujo a la búsqueda de un enfoque que contemplara la complejidad de la realidad y la interacción entre sistemas, y se propuso el modelo de causalidad estructural, que diferencia entre causa necesaria, desencadenante, coadyuvante y asociada (Hewa, 2016). A través de este modelo, se pretenden abordar de manera más adecuada los fenómenos multifacéticos que influyen en la salud, como los estudiados desde el trabajo social, y ofrece una aproximación a una realidad más compleja que requiere también de una jerarquización precisa de los factores influyentes para que puedan ser operacionalizados.

En cuanto a concebir a los/as pacientes como sujetos y no objetos, desde el modelo biopsicosocial se percibe la enfermedad como una simbiosis entre las redes simbólicas y procesos biológicos, por lo que debe tenerse en cuenta la biografía y el contexto relacional, ya que se considera que en muchas ocasiones la curación llega a ser posible a través de la participación en la matriz de relaciones con las otras personas (Turabián y Pérez-Franco, 2017).

De este modo, el modelo biopsicosocial propone una nueva manera de entender la relación entre profesionales y pacientes, abriendo la puerta a enfoques integrales y humanos. En lugar de limitarse a una visión mecanicista, este modelo valora la subjetividad como un factor clave en el proceso de análisis y diagnóstico, reconociendo la importancia de las experiencias y percepciones personales en la construcción de la salud. Así, se incluye el sistema sociofamiliar en los procesos de salud y enfermedad, reconociendo que la salud está profundamente influenciada por su contexto social y familiar, lo que requiere un enfoque multidisciplinario y colaborativo en la atención.

A pesar de los esfuerzos, existe un problema de base: que el término biopsicosocial resalta factores y consecuencias psicosociales esenciales, pero sigue dividiendo el entender y el quehacer en tres palabras; no existe un único concepto que defina sin recurrir al compuesto. El ideal es que las tres dimensiones fundamentales puedan englobarse en un único término que, simbólicamente, termine de romper con esa diferenciación implícita. Pero, para alcanzarlo, es necesario un avance en el conocimiento y reconocimiento de cada área para una convergencia efectiva y real y, a su vez, lograr dejar atrás el dualismo mente-cuerpo; "mientras tanto, el término biopsicosocial, u otro similar, permitirá un trabajo común y, al mismo tiempo, independiente" (Escobar y Uribe, 2014: 16).

Con todo, aunque la integración biopsicosocial en el ámbito médico-clínico progresó en algunos casos, parece que vuelve una tendencia de desintegración (Tizón, 2007). Aun así, la propuesta supuso la apertura de un debate de relevancia capital: que la medicina contemporánea no puede seguir centrándose en cuerpos enfermos, sino que debe conocer la totalidad de la persona. Han de abarcarse, por tanto, a las personas y a sus familias, así como a las comunidades a las que pertenecen, sobre todo porque es el marco sociocultural el que conceptualiza salud, enfermedad y muerte de una forma idiosincrásica. Una idea que pone de manifiesto la importancia de la comunidad no solo en la enfermedad, sino para la prevención de la misma.

En el caso de los procesos de finalización de vida, la prevención va orientada a que la inclusión del sistema sociofamiliar en el cuidado durante este periodo asegure que los procesos de duelo y adaptación se gestionen de manera adecuada. La comunidad, a su vez, puede jugar un papel esencial si se fomenta una cultura de apoyo y entendimiento en torno al cuidado paliativo y al acompañamiento en los momentos finales. Esto ayuda a preservar la importancia de los lazos familiares y comunitarios y reconocer que la muerte no es solo un evento biológico, sino un proceso profundamente influenciado por las relaciones.

Todo ello permite mantener lo social, lo comunitario, lo humano, una perspectiva que no solo amplía la comprensión de los fenómenos relacionados con la salud, sino que también promueve la humanización de la atención sanitaria. Sobre todo, porque aunque los avances técnico-científicos producidos han supuesto un gran progreso en el diagnóstico y tratamiento de diversas enfermedades, también han generado efectos secundarios no deseados y, en algunos casos, nocivos. Se percibe, según Boladeras (2015), que

> la alta tecnificación de la medicina ha decantado todos los esfuerzos de los profesionales hacia la competencia científica, la innovación tecnológica, los conocimientos de "experto", en detrimento de la atención personalizada a los enfermos y a sus necesidades psicológicas y de relación humana. Se ha centrado la atención en las enfermedades y no en las personas (p. 46).

Esta tendencia hacia la desintegración de una perspectiva integral, en favor de un enfoque predominantemente biomédico, continúa generando preocupación en diversos ámbitos del cuidado de la salud. Considerar a las personas que reciben atención sanitaria únicamente desde la óptica de la enfermedad y centrarse exclusivamente en los aspectos físicos de su condición supone una visión reduccionista. Esta aproximación limita seriamente la posibilidad de ofrecer una atención verdaderamente humanizada.

A su vez, unido a la alta tecnificación del proceso asistencial y la predominancia del modelo biomédico, Román (2013) añade otros factores influyentes en la pérdida de humanización en el ámbito sanitario, como el no tener en cuenta ni la biografía ni las vivencias de la persona respecto de su enfermedad, y una excesiva atención a la eficiencia, la efectividad y la eficacia en la gestión sanitaria.

Ante esta problemática, entra en boga el concepto de humanización sanitaria principalmente por dos motivos: porque una actividad humana como la sanitaria se ha ido deshumanizando y porque hemos adquirido consciencia sobre este fenómeno que ya existía, es decir, se ha dado "una pérdida de valores humanos en la asistencia sanitaria [...] unida a una mayor sensibilidad en la percepción de este problema" (Solís, 2018: 266).

En este punto cabe precisar qué es humanizar, aspecto que la Real Academia Española (RAE) define como "hacer humano, familiar y afable a alguien o algo" (Real Academia Española, s.f.a), mientras que Moliner (1999), en el *Diccionario del Uso del Español*, indica que humanizar surge como palabra moderna para sustituir a humanar, hacer algo más humano, menos cruel, menos duro. Igualmente, definir de forma concreta la humanización en el ámbito sanitario no es tarea sencilla, pues se aluden también a otros aspectos diversos relacionados con gestión, economía, política y ciencia, entre otros.

A este respecto, existe una problemática en la definición del concepto, pues en muchas ocasiones se tiende a equiparar la humanización sanitaria con un trato cálido, y se pone el foco en las relaciones asistenciales y de ayuda del personal sociosanitario. Sin embargo, la humanización de la asistencia sanitaria se basa en la salvaguarda de los derechos de una ciudadanía activa, y está también "ligada a la multidisciplinariedad que permita entender la salud desde su marco biopsicosocial y no sólo como asistencia sanitaria, donde desempeñan un papel esencial los trabajadores sociales" (Fundación Humans, 2017: 26). Hablamos pues, de derechos, entre los que naturalmente debe incluirse el derecho a un trato individualizado y centrado en el/la paciente, pero no solo.

Una de las principales críticas que van más allá del proceso definitorio es que en muchas ocasiones la humanización sanitaria trata de políticas de pequeños gestos que ofrecen a la ciudadanía un medio sanitario más acogedor, pero también se trata de una moda o una herramienta de márketing con resultados positivos que no van más allá de líneas instrumentales, y que no aborda los verdaderos principios y valores (Martínez, 2019). En el nivel más pragmático, la necesidad de reclamar una asistencia sanitaria humanizada no deviene solo de convicciones humanísticas, sino también de la negativa de los/as profesionales de convertirse en burócratas que padecen el síndrome de *burnout* y del derecho y deseo de los/as usuarios/as a un trato personalizado y con dignidad (Alarcos, 2017).

En síntesis, podríamos decir que la humanización sanitaria es, según Laín (1985), aplicar en el ejercicio y cuidado de los pacientes los principios del humanismo médico, es decir, "la actitud y aptitud del profesional de armonizar la ciencia con las humanidades médicas" (Laín, 1985: 47). El personal sanitario no debe ser solo científico-médico, sino que debe aunar conocimientos de otras ciencias como las ciencias sociales, realizando un trabajo coordinado y multidisciplinar con profesionales especializados/as en estas otras ramas del conocimiento. Se debe, por tanto, pensar la atención sanitaria desde la ética clínica, basándose en los principios de autonomía, justicia, beneficencia y no maleficencia (Beauchamp y Childress, 2001), respetando la dignidad de la persona como sujeto —no objeto— de derecho con valores inalienables.

Para ello, humanizar el ámbito de la salud implica reconocer y abordar todas las dimensiones de la persona que recibe atención también considerando factores políticos, sociales y culturales que incidan en su bienestar. La verdadera humanización requiere crear entornos que favorezcan la salud en un sentido amplio, promoviendo una atención centrada en la persona. Esto implica traducir en la práctica una concepción integral mediante un sistema sociosanitario y unas intervenciones que adopten una perspectiva ecológica. De esta manera el concepto de humanismo médico debería derivar en el concepto de humanismo sociosanitario, implicando a profesionales sanitarios, sociales y todas las profesiones que contacten con la persona en situación de enfermedad (Zarco, 2017).

Adoptar una perspectiva que reconozca la dimensión social con la misma relevancia que las dimensiones física, psicológica o emocional implica asumir la necesidad de intervenir también en este ámbito. Esta visión integral del cuidado reconoce que las condiciones sociales —como el entorno familiar, los recursos económicos, el acceso a servicios o las redes de apoyo— influyen de manera decisiva en el proceso de salud, enfermedad y muerte. Y es precisamente en este espacio donde el trabajo social en el ámbito sociosanitario desempeña un papel fundamental, al abordar los determinantes sociales que influyen en el bienestar de las personas y contribuir a garantizar una atención equitativa, continua y centrada en sus necesidades reales, una labor que será abordada con mayor profundidad en capítulos posteriores.

Ante toda esta diversidad a la hora de delimitar la humanización sanitaria y aunque cada profesional —ya sea del nivel operativo o político— pueda entender algo diferente por humanizar, hay tres elementos básicos esenciales para ello (Baquero y Baños, 2019):

1. Integrar la humanización como cultura.
2. Dotar de los recursos y tiempo necesarios.
3. Formar a la ciudadanía para poder ser partícipe en las decisiones relativas a su salud.

Por otro lado, si bien la humanización de la atención sanitaria no se limita exclusivamente a la relación entre profesionales y pacientes, esta continúa ocupando un lugar central en los planes autonómicos de salud, en manuales de buenas prácticas y en numerosos estudios académicos. En estos documentos se subraya la importancia de establecer una relación basada en la confianza mutua, la empatía y una comunicación clara, honesta y adaptada a la capacidad de comprensión de cada persona.

Aunque existe una asimetría inherente en esta relación —derivada del conocimiento técnico y la posición de autoridad que detentan los/as profesionales de la salud—, es fundamental que dicha asimetría no se traduzca en una dinámica paternalista. Por el contrario, debe promoverse activamente la participación informada en el proceso de toma de decisiones, reconociendo el derecho a opinar, a expresar preferencias y a elegir, en la medida de lo posible, las opciones que se consideren más adecuadas. Este enfoque no solo fortalece la autonomía personal, sino que también mejora la calidad de la atención y el vínculo terapéutico.

Sin embargo, señalan también dicha necesidad, que la humanización sanitaria aborde a profesionales, instituciones, Administración, pacientes y entornos, y no se conforme únicamente en base a un trato cálido y cordial. En este sentido, existen cuatro áreas fundamentales dentro de la tarea de humanizar la asistencia de forma integral (Martínez, 2019):

1. Humanizar las organizaciones mediante planes estratégicos centrados en valores éticos.
2. Formar a profesionales sociosanitarios.
3. Incorporar a pacientes en el proceso de toma de decisiones.
4. Realizar medición y evaluación de los resultados, agregando también la experiencia de pacientes.

En definitiva, la idea central que debe extraerse de todas estas reflexiones es que la enfermedad representa una circunstancia en la vida de las personas, pero no constituye su identidad. Por ello, la atención sanitaria no puede limitarse únicamente al abordaje de los aspectos físicos, sino que debe integrar también las dimensiones psicológica y social. Esta visión más amplia y humana del cuidado debe estar fundamentada en el reconocimiento de los derechos de los/as pacientes, quienes no solo merecen una relación profesional empática y respetuosa, sino también una atención integral, coordinada y multidisciplinar, que considere su dignidad como un valor fundamental, así como la de sus familias y entorno cercano, una perspectiva que adquiere una relevancia aún mayor en contextos de alta vulnerabilidad, como aquellos vinculados a los procesos del final de la vida.

3.1. LEGISLACIÓN Y POLÍTICAS DE HUMANIZACIÓN SANITARIA EN ESPAÑA

La Declaración Universal de los Derechos Humanos de 1948 sirvió como punto de referencia para los textos constitucionales posteriores. En este sentido en España el principal precepto relativo a la salud se recoge en el artículo 43 de la Constitución Española (CE) de 1978, donde se reconoce el derecho a la protección de la salud y se expone que los poderes públicos han de organizar y tutelar la salud pública. No obstante, se va más allá del nivel organizativo, pues se expresa que la ley deberá establecer el conjunto de deberes y derechos al respecto, respetando también los valores y la dignidad de las personas. También, el artículo 15 señala que todas las personas tienen derecho a la vida y a la integridad física y moral, no pudiendo en ningún caso ser sometida la ciudadanía a tortura ni a penas o tratos inhumanos o degradantes.

Ante esto, la Ley 14/1986, de 25 de abril, General de Sanidad, responde en el artículo 1 al mandato del artículo 43 de la CE y establece las acciones pertinentes para la protección de la salud. Esta ley universaliza el derecho a la protección de la salud y orienta la asistencia no solo al tratamiento de la enfermedad, sino a la promoción y prevención de la salud, y un acceso igualitario a las prestaciones, promoviendo la rehabilitación y reinserción social (artículo 6.5). En el Título III, se concretan las prestaciones y la estructura, la ordenación como Sistema Nacional de Salud (SNS), que siguiendo el artículo 148 de la CE corresponderá a las comunidades autónomas en tanto en cuanto asuman las competencias en la materia.

Se habla entonces no solo de organización y universalización, sino que se introduce de forma primigenia el derecho de participación ciudadana, autonomía, libertad individual, el consentimiento informado, el derecho a la confidencialidad y el respeto a la intimidad y dignidad humana, entre otros. Así, se puede atisbar la voluntad de humanizar la asistencia sanitaria, tratando de coordinarse además a través de la multidisciplinariedad con diversos servicios como los Servicios Sociales (artículo 20.3 y 20.4).

A raíz de este reconocimiento de derechos y deberes, surge a nivel estatal el primer plan de humanización, el Plan de Humanización de la Asistencia Hospitalaria de 1984 del Ministerio de Sanidad y Consumo a través del Instituto Nacional de la Salud (INSALUD). Nace porque "tanto en la Reforma Hospitalaria como en el Nuevo Modelo de Gestión, aparece con entidad propia el tema de la Humanización" (Instituto Nacional de la Salud, 1984: 14). En este plan, se reconoce de forma explícita que la enfermedad afecta a pacientes y a su entorno sociofamiliar, generando "una situación de indefensión que le hace sentirse desvalido, y por lo que necesita un sistema sanitario lo más humano posible" (Instituto Nacional de la Salud, 1984: 19). Por ello, se realiza la Carta de Derechos y Deberes de los Pacientes, una declaración de principios que instrumenta el Plan de Humanización de la Asistencia partiendo de las bases de un estado democrático que se fundamenta en la libertad, la igualdad y el respeto a la dignidad humana. En ella, el INSALUD (1984) establece como derechos:

a) Recibir una atención sanitaria integral.
b) Respeto de la personalidad, dignidad e intimidad sin discriminación.
c) Confidencialidad.
d) Información completa, continuada, verbal y escrita.
e) Libre determinación entre las opciones que le presente el/la responsable médico/a (excepto algunos casos).
f) Negarse a tratamientos no peligrosos para la salud pública.
g) Que se le asigne un/a médico/a cuyo nombre debe conocer.

h) Que quede constancia por escrito en una historia clínica.
i) Que no se realicen investigaciones, experimentos o ensayos sin información y aceptación.
j) Correcto funcionamiento de los servicios.
k) Que la hospitalización no incida en sus relaciones sociales y personales estableciendo un régimen de visitas.
l) Recibir información.
m) Conocer los cauces formales para presentar reclamaciones, quejas o sugerencias.
n) Causar alta voluntaria.
o) Agotar las posibilidades razonables de superación de la enfermedad.
p) Que las instituciones sanitarias proporcionen una asistencia correcta con personal cualificado, aprovechamiento máximo de los medios disponibles y una asistencia con los mínimos riesgos, dolores y molestias psíquicas y físicas.

A su vez, el INSALUD (1984) establece como deberes:

a) Colaborar en el cumplimiento de las normas e instrucciones.
b) Tratar con máximo respeto al personal sanitario, pacientes y a sus acompañantes.
c) Solicitar información sobre las normas de funcionamiento y canales de comunicación. Conocer el nombre de su médico/a.
d) Cuidar las instalaciones y colaborar con su mantenimiento.
e) Firmar el documento de alta voluntaria.
f) Responsabilizarse del uso adecuado de las prestaciones ofrecidas por el sistema sanitario (baja laboral, incapacidad, prestaciones farmacéuticas o prestaciones sociales).

g) Utilizar las vías de reclamación y sugerencias.
h) Exigir que se cumplan sus derechos.

Para ello, el INSALUD (1984) trató de operativizar sus planteamientos respecto a deberes y derechos a través de 16 medidas prácticas, entre las que destaca por su interés aquí la Comisión de Humanización de la Asistencia, en la que se señala que "la asistente social cubre el puente entre el interior del hospital y el mundo exterior, solucionando cualquier problema a este nivel" (Instituto Nacional de la Salud, 1984: 47).

Posteriormente, el Consejo de Europa impulsa el Convenio del Consejo de Europa para la protección de los derechos humanos y la dignidad del ser humano respecto de las aplicaciones de la Biología y la Medicina, conocido como Convenio sobre Derechos Humanos y Biomedicina (1997) o Convenio de Oviedo, y que España ratifica. El objeto y finalidad del Convenio de Oviedo (1997) es

> proteger al ser humano en su dignidad y su identidad y garantizarán a toda persona, sin discriminación alguna, el respeto a su integridad y a sus demás derechos y libertades fundamentales con respecto a las aplicaciones de la biología y la medicina (artículo 1).

En el Convenio de Oviedo (1997) se señala también en el artículo 3 la necesidad de adoptar medidas por parte de los poderes públicos para que las personas puedan acceder a la atención sanitaria de forma equitativa y con la calidad apropiada, y se establecen a lo largo de los capítulos derechos referidos al consentimiento, respeto por la vida privada y a la información, así como su salvaguarda evitando que el desarrollo tecnológico pueda llevar a la vulneración de estos u otros derechos de la ciudadanía. Este convenio, por tanto, es una de las bases a nivel europeo para el desarrollo de la bioética.

En España, otra ley fundamental es la Ley 21/2000 sobre los derechos de información concernientes a la salud y la autonomía del paciente, y la documentación clínica[1] de Cataluña, ley pionera sobre voluntades anticipadas, que ya entonces permitía a pacientes "determinar antes de una intervención médica sus voluntades por si, en el momento de la intervención, no se encuentran en situación de expresarlas" (preámbulo). Siguiendo esta misma línea, en 2002 entra en vigor la Ley 41/2002, de 14 de noviembre, básica reguladora de la autonomía del paciente, una ley estatal que concreta y sistematiza los conceptos que la Ley General de Sanidad de 1986 había enunciado previamente como principios generales, por lo que desarrolla el requerimiento de consentimiento de los/as pacientes para realizar cualquier actuación sanitaria, el derecho a la libertad de decisión, de negarse a recibir un tratamiento, a la información, intimidad y autonomía del/la paciente, rigiéndose por el principio básico de dignidad de la persona. Esta ley se promulga "desde la importancia que tienen los derechos de los pacientes en las relaciones clínico-asistenciales, al constatar el interés que han demostrado por los mismos casi todas las organizaciones internacionales con competencia en la materia" (Martínez, 2019: 206). Esto supone un importante marco no solo jurídico, sino ético, que encuadra la relación clínica dentro de la perspectiva del respeto por los derechos, aspecto que permitió avanzar en la rehumanización de la asistencia sanitaria.

También, cabe mención a la Ley 16/2003, de 28 de mayo, de cohesión y calidad del Sistema Nacional de Salud que sienta el marco legal para la coordinación entre las Administraciones públicas sanitarias garantizando una reducción de desigualdad en salud, la Ley 44/2003, de 21 de noviembre, de ordenación de profesionales sanitarias, que junto con los códigos

1. Esta ley se vio modificada en 2010 por la Ley 16/2010, de 3 de junio, de modificación de la Ley 21/2000, de 29 de diciembre, sobre los derechos de información concerniente a la salud y la autonomía del paciente, y la documentación clínica.

deontológicos señala la responsabilidad de los/as profesionales a la hora de respetar a las personas usuarias, y la Ley 55/2003, de 16 de diciembre, del Estatuto Marco del personal estatutario de los servicios de salud, donde también se recogen los deberes del personal.

Toda esta evolución legislativa, junto con el primer Plan de Humanización, ha permitido que surjan diversos planes y estrategias por parte de las comunidades autónomas. El objetivo en común de estas estrategias es velar por la dignidad de las personas y sus derechos, cuidar a profesionales sociosanitarios/as y mejorar la relación paciente-profesional a través del fomento del respeto, la escucha y la participación ciudadana. De este modo, se establecen actuaciones desde un abordaje integral para dar respuesta a las necesidades con los procesos de salud y, de forma específica, del fin de vida. En la siguiente tabla, se recogen a modo de síntesis los principales planes y estrategias de humanización sanitaria en España más actuales.

TABLA 1

PLANES Y ESTRATEGIAS ESPECÍFICOS DE HUMANIZACIÓN SANITARIA EN ESPAÑA

Andalucía	Plan de Humanización del Sistema Sanitario Público de Andalucía (2021)
Aragón	Estrategia de Activación de la Humanización en el Ámbito Sanitario de Aragón (2025)
Canarias	Sin plan/estrategia específica
Cantabria	Sin plan/estrategia específica
Castilla-La Mancha	Plan de Humanización de la Asistencia Sanitaria horizonte (2025)
Castilla y León	Plan Persona (2021)
Cataluña	Sin plan/estrategia específica
Comunidad de Madrid	II Plan de Humanización de la Asistencia Sanitaria (2022)
Comunidad Foral de Navarra	Estrategia de Humanización del Sistema sanitario público de Navarra 2024-2028 (2024)
Comunitat Valenciana	Plan de Humanización de la Asistencia Sanitaria del Sistema Valenciano de Salud (2025)

TABLA 1

PLANES Y ESTRATEGIAS ESPECÍFICOS DE HUMANIZACIÓN SANITARIA EN ESPAÑA (CONT.)

Extremadura	Plan de acción de humanización de la atención sanitaria del Servicio Extremeño de Salud (2025)
Galicia	Estrategia de Humanización da Asistencia Sanitaria (2019)
Illes Balears	Plan de Humanización en el Ámbito de la Salud (2022)
La Rioja	Sin plan/estrategia específica
País Vasco	Sin plan/estrategia específica
Principado de Asturias	Plan de Humanización de la Asistencia Sanitaria del Principado de Asturias (2024)
Región de Murcia	Sin plan/estrategia específica

Fuente: Elaboración propia.

Como puede observarse, la humanización de la atención sanitaria en España presenta un panorama desigual, donde algunas comunidades autónomas han avanzado de manera significativa mediante planes estructurados y estrategias consolidadas, mientras que otras apenas han iniciado este camino. A pesar de estas diferencias, se identifican tendencias comunes como la participación ciudadana en la gestión sanitaria, el uso de tecnologías para mejorar la comunicación, la existencia de comisiones específicas y el compromiso con la formación de los profesionales en esta materia (Zarco y Martín, 2024). Todo ello refleja una voluntad generalizada por situar paciente y su entorno en el centro de la atención, promoviendo una cultura sanitaria más cercana, accesible y sensible.

No obstante, el reto sigue siendo alcanzar una implementación homogénea y coordinada en todo el territorio nacional. Para ello, resulta fundamental no solo reforzar y expandir las iniciativas existentes, sino también generar evidencia y datos que permitan evaluar su impacto real. Solo así será posible avanzar hacia un modelo de atención verdaderamente humanizado, donde las diferencias territoriales se reduzcan y donde el compromiso con la excelencia y la dignidad en el trato sean una constante en todos los servicios de salud del país.

CAPÍTULO 2

PRINCIPALES CONTEXTOS, NECESIDADES Y CONSECUENCIAS DE LOS PROCESOS DE FIN DE VIDA

1. ENVEJECIMIENTO

1.1. CONTEXTO ACTUAL EN LA UNIÓN EUROPEA Y EN ESPAÑA

Como se verá más adelante, envejecimiento no es sinónimo de enfermedad. Si bien, en este apartado específico se darán algunas nociones concretas e importantes de abordar, ya que la vejez constituye la última etapa vital, estrechamente ligada —obviamente— a la finalización de la vida.

El envejecimiento poblacional constituye una de las transformaciones demográficas más significativas de las últimas décadas en Europa y, de forma muy marcada, en España (Oficina de Ciencia y Tecnología del Congreso de los Diputados, 2023). Este fenómeno responde a la combinación de un aumento sostenido de la esperanza de vida y una persistente caída de la natalidad, dando lugar a una población progresivamente más envejecida y a una estructura demográfica en la que los grupos de edad avanzada adquieren un peso creciente (Pérez *et al.*, 2025). En 2024, más del 20% de la población española tuvo 65 años o más, lo que equivale a cerca de 10 millones de personas (Instituto Nacional de Estadística, 2024a), un porcentaje que se sitúa por encima de la media de la Unión Europea y continúa aumentando año tras año. La edad media de la población española supera ya los 44 años y el índice de envejecimiento (relación entre mayores de 64 años y menores de 16) ha alcanzado máximos históricos (Instituto Nacional de Estadística, 2024b, 2024c). A su vez, la esperanza de vida en España, cercana a los 83,77 años, se mantiene como una de las más altas del mundo, especialmente entre las mujeres (Instituto Nacional de Estadística, 2023).

A nivel europeo, el proceso de envejecimiento sigue una tendencia similar, aunque con variaciones importantes entre países. Estados como Italia, Portugal o Alemania presentan proporciones aún más elevadas de personas mayores, mientras que Irlanda o Francia mantienen estructuras algo más jóvenes (Eurostat, 2025b). Las proyecciones demográficas indican que la población europea en edad laboral disminuirá de forma significativa en las próximas décadas, mientras que el grupo de mayores de 80 años se duplicará antes de 2050 (Eurostat, 2025c). Esta evolución plantea desafíos estructurales en múltiples ámbitos como el cambio en la organización de los cuidados de larga duración (Grundy y Murphy, 2017), por lo que el envejecimiento no se limita a una cuestión demográfica.

Todo ello conlleva una serie de consecuencias sociales, sanitarias, económicas y territoriales de gran calado. En primer lugar, la presión sobre los sistemas de protección social es creciente, ya que se requieren reformas que garanticen la viabilidad del sistema público de pensiones y una atención sanitaria capaz de responder al incremento de enfermedades crónicas, problemas de salud mental y situaciones de dependencia (Devriendt, Heylen y Jacobs, 2023). También emergen nuevas formas de desigualdad debido a que el envejecimiento no afecta por igual a todos los territorios ni a todas las personas, siendo más acusado entre quienes han vivido trayectorias de vulnerabilidad social, laboral o residencial (Gilleard y Higgs, 2021).

Frente a este panorama, el reto del envejecimiento requiere respuestas estructurales, interdisciplinares y sostenidas que reconozcan el valor social de las personas mayores al tiempo que promuevan entornos y sistemas adaptados a sus necesidades cambiantes.

En este contexto, uno de los principales retos sanitarios asociados al envejecimiento es el aumento sostenido de las enfermedades crónicas (Maresova *et al.*, 2019). Una mayor longevidad no siempre se traduce en más años de vida saludable, ya que un número creciente de personas mayores vive con patologías como diabetes, hipertensión, artrosis, enfermedad cardiovascular o deterioro cognitivo (Grodzicki, Piotrowicz y Sulicka, 2018). Este fenómeno incrementa la complejidad de la atención, ya que muchos pacientes presentan comorbilidades y requieren cuidados continuados, tratamientos farmacológicos múltiples y una coordinación efectiva entre niveles asistenciales (Nelleke *et al.*, 2024). La multimorbilidad, además, está asociada a un mayor riesgo de discapacidad y dependencia, lo que refuerza la necesidad de servicios sociosanitarios integrados y de una mayor inversión en prevención y promoción de la salud en edades avanzadas (Lourida *et al.*, 2022).

1.2. ENVEJECIMIENTO PRIMARIO *VERSUS* ENVEJECIMIENTO SECUNDARIO

El principal aspecto a considerar antes de definir el envejecimiento es que no debe confundirse con el concepto de vejez ya que, aunque están relacionados, no son equivalentes. La vejez hace referencia a una etapa específica del ciclo vital, tradicionalmente situada en torno a los 65 años, y suele entenderse como un momento concreto marcado por ciertos cambios biológicos, sociales y psicológicos. En cambio, el envejecimiento es un proceso continuo, progresivo y multidimensional que comienza desde el nacimiento y se extiende a lo largo de toda la vida, manifestándose de manera distinta en cada persona en función de factores genéticos, ambientales, sociales y del estilo de vida.

Por tanto, el envejecimiento alude a un fenómeno global e ininterrumpido que va moldeando la experiencia vital y las condiciones con el paso del tiempo. Estos cambios son inherentes al proceso vital del ser humano, continuo, heterogéneo, universal e irreversible, condicionado por factores multidimensionales (Lazarus y Lazarus, 2006), por lo que se puede afirmar que "la vejez es un subconjunto de fenómenos y procesos que forman parte de un concepto más global: el envejecimiento" (Alvarado y Salazar, 2014: 59).

A este respecto, cabe señalar algunas nociones o modelos relativos al envejecimiento, de los cuales destacan:

a) Envejecimiento exitoso o satisfactorio (*successful aging*): asociado a la "baja probabilidad de enfermedad y discapacidad relacionada con la enfermedad, alta capacidad cognitiva y funcional física, y compromiso activo con la vida" (Rowe y Kahn, 1997: 433). En esta perspectiva se pone énfasis también al mantenimiento de relaciones sociales y participación activa. Baltes y Baltes (1990) establecen a este respecto dos consideraciones, criterios subjetivos relacionados con la percepción personal de la propia persona y criterios objetivos.
b) Envejecimiento saludable: "proceso de desarrollo y mantenimiento de la capacidad funcional que permite el bienestar en la vejez" (Organización Mundial de la Salud, 2019: 1). En ella, se conjuga la capacidad funcional como condición que permite a una persona ser y hacer lo que considera importante para ella, la capacidad intrínseca de la persona o capacidades físicas y mentales y la influencia del entorno en las mismas (Organización Mundial de la Salud, 2019).

c) Envejecimiento activo: adoptado por la Organización Mundial de la Salud (OMS) a finales de 1990 con el fin de transmitir un mensaje más inclusivo que el que se da con el envejecimiento saludable. Se define como "proceso de optimización de las oportunidades de salud, participación y seguridad con el fin de mejorar la calidad de vida a medida que las personas envejecen" (Organización Mundial de la Salud, 2002: 79). Con activo, hace referencia a una participación en hechos sociales, económicos, culturales, espirituales y cívicos (Domingo, 2009).

Como se puede apreciar, el envejecimiento no es una mera cuestión cronológica, sino que deben tenerse en cuenta también factores personales y ambientales (Da Costa *et al.*, 2003). Por ello, la edad se establece teniendo en cuenta cuatro dimensiones (Baltes y Smith, 2004):

1. Edad cronológica: número de años transcurridos.
2. Edad biológica: grado de deterioro orgánico.
3. Edad psicológica: funcionamiento respecto a su competencia conductual y adaptativa.
4. Edad social: rol personal que se desempeña en el entorno social de las personas.

Por otro lado, autores como Abeles, Gift y Ory (1994), Baltes y Baltes (1990) o Garfein y Herzog (1995) han establecido tres tipos de envejecimiento:

1. Normal: personas que no padecen una enfermedad inhabilitante —aunque existe el riesgo de padecerla— y cuyo deterioro deviene de un proceso normativo de envejecimiento no patológico.
2. Patológico: envejecimiento al que se suma el deterioro específico del padecimiento de una o varias enfermedades.

3. Óptimo: riesgo muy bajo de padecer una patología unida al máximo funcionamiento posible (envejecimiento satisfactorio de Rowe y Kahn).

Por tanto, aunque en el marco lógico de este libro se aborda el envejecimiento en relación con el padecimiento de enfermedades y los procesos de finalización de la vida, es fundamental aclarar que ello no implica que el envejecimiento sea sinónimo de enfermedad (Fernández-Ballesteros, 1985). En este sentido, Busse (1969) establece la distinción clásica entre el envejecimiento primario, entendido como el conjunto de cambios naturales, inevitables e intrínsecos al proceso de envejecer, y el envejecimiento secundario, referido a aquellas alteraciones derivadas principalmente de la presencia de enfermedades o condiciones patológicas. Esta diferenciación permite comprender que el envejecimiento, como proceso vital, no es necesariamente patológico y que muchas personas mayores pueden experimentar una vejez activa y saludable, libre de enfermedades incapacitantes.

Igualmente, como se ha señalado, en Europa la esperanza de vida actual se sitúa en torno a los 80-85 años (Eurostat, 2025a), un incremento sostenido que ha traído consigo un aumento en el número de personas en situación de dependencia, así como un mayor porcentaje de muertes asociadas a enfermedades crónicas. Esto ha generado que, como norma general, el fallecimiento tenga lugar por estas causas y ocurra en contextos institucionales como hospitales o centros de cuidados de larga duración (Amblàs *et al.*, 2006; Stilos *et al.*, 2016).

Sin embargo, a pesar de que el mayor riesgo de muerte se concentra en pacientes de edad avanzada con enfermedades crónicas, la información específica sobre la atención paliativa en el contexto del envejecimiento sigue siendo limitada. Por ello, Amblàs *et al.* (2006) proponen una aproximación integrada entre los cuidados paliativos y la gerontología, ya que ambas disciplinas comparten fundamentos esenciales, como una visión integral de la persona y la intervención simultánea sobre paciente y entorno, con el objetivo de alcanzar el mayor bienestar y calidad de vida posible mediante la acción conjunta de equipos multidisciplinares.

Con todo, pueden identificarse dos escenarios fundamentales en el contexto de la vejez. Por un lado, una muerte resultante de un proceso de envejecimiento normal o normativo y, por otro, una muerte vinculada a un proceso de envejecimiento acompañado por enfermedad. En este segundo caso, la persona en situación de final de vida podrá requerir —si así lo desea y expresa— cuidados paliativos o el acceso a las prestaciones de ayuda para morir, en función de sus necesidades, valores y deseos, contextos que se describirán a continuación.

2. CUIDADOS PALIATIVOS

2.1. ANTECEDENTES HISTÓRICOS

Los cuidados paliativos, tal y como los entendemos hoy, son una incorporación reciente al ámbito sanitario. No obstante, sus precursores fueron los hospicios medievales, cuya denominación proviene del término latino *hospitium* y del griego *xenodochium*, ambos vinculados al sentimiento de acogida y hospitalidad experimentado tanto por el huésped como por el anfitrión, y más tarde al lugar físico donde dicha experiencia tenía lugar (Saunders, 1998; Twycross, 1980). Estos hospicios medievales supusieron un gran cambio dado que anteriormente la tradición hipocrática desaconsejaba intervenir en personas cuya enfermedad no tenía cura, al entenderlo como una intromisión en los designios divinos (Saunders, 1998).

Sin embargo, los valores de ayuda y caridad promovidos por el cristianismo medieval transformaron esta visión, facilitando la aparición de espacios dedicados a la atención de personas necesitadas, aunque en sus inicios carecieran de un componente clínico, limitándose a una función asistencial y compasiva (Sociedad Española de Cuidados Paliativos, s.f.b). Estos primeros hospicios comenzaron a surgir en territorios del Imperio Bizantino, se expandieron posteriormente a Roma y, con el tiempo, por toda Europa (Del Río y Palma, s.f.).

La primera vez que se emplea el término *hospice* en referencia específica al cuidado de personas "moribundas" se remonta a 1842, en Lyon (Francia), cuando Jeanne Garnier impulsa la creación de varios *hospices* o *calvaries*. Posteriormente, este modelo se extiende y cristaliza en otras instituciones relevantes, como el Calvary Hospital en Nueva York, fundado en 1899 por Anne Blunt, así como el Our Lady's Hospice en Dublín (1879) y el St. Joseph's Hospice en Londres (1905), ambos creados por las Hermanas de la Caridad Irlandesas (Sociedad Española de Cuidados Paliativos, s.f.b).

En este contexto, destaca la figura de Cicely Saunders, enfermera, trabajadora social y posteriormente médica, quien en 1967 fundó el St. Christopher's Hospice de Londres, marcando el inicio del movimiento *hospice* moderno. Fue el primer hospicio en combinar la atención a pacientes terminales con la investigación, la docencia y el acompañamiento a familiares durante el proceso de enfermedad y el duelo, demostrando con sus resultados que "un buen control de síntomas, una adecuada comunicación y el acompañamiento emocional, social y espiritual logran mejorar significativamente la calidad de vida de los enfermos terminales y de sus familias" (Del Río y Palma, s.f.: 17). A partir de estos hallazgos, esta filosofía de intervención integral se fue extendiendo progresivamente por el Reino Unido, con una cobertura inicialmente centrada en instituciones durante los años setenta, y que en los ochenta se orientó hacia la atención domiciliaria a través de equipos móviles (Del Río y Palma, s.f.).

Por tanto, Saunders y Banes (1983) proponen un modelo de atención al dolor total planteando que cuando este no es aliviado se convierte en el eje central de la vida de las personas. Esta perspectiva resalta la necesidad de un abordaje multidisciplinar que también integre a las personas significativas del entorno, mediante una intervención orientada a facilitar la comprensión del proceso evolutivo de la enfermedad, capacitar para el cuidado y abordar de forma conjunta los problemas relacionales, organizativos y prácticos que puedan surgir.

Posteriormente, en Canadá, Balfour Mount acuñó el término *palliative care* o *cuidados paliativos* en sustitución de *hospice*, dado que en francés este último se asocia comúnmente con la noción de hospital. Ya en la década de 1980 comienza a utilizarse el término *cuidado conservador* para describir las intervenciones que no se centran en tratamientos directos sobre la enfermedad, sino que abarcan desde el acompañamiento durante la supervivencia hasta el manejo del duelo (Ríos-Piedrahíta y Baena-Álvarez, 2019). Más adelante, en el Reino Unido se adopta el término *medicina paliativa*, reconocida como especialidad médica en 1987 y definida como "el estudio y manejo de pacientes con enfermedad activa, progresiva y muy avanzada, para quienes el pronóstico es limitado y el enfoque de atención es la calidad de vida" (Del Río y Palma, s.f.: 17).

Ahora bien, a este respecto conviene señalar una diferenciación terminológica importante. El término medicina paliativa hace referencia específica a la intervención de profesionales médicos en este ámbito, mientras que cuidados paliativos es un concepto más amplio que engloba la actuación de un equipo multidisciplinar en el que se incluyen, además de profesionales de la medicina, especialistas en trabajo social, psicología, enfermería, entre otros/as.

En el resto de Europa, los cuidados paliativos se desarrollan a partir de finales de los setenta, destacando los trabajos de Vittorio Ventafridda en Italia sobre el tratamiento del dolor en el cáncer, el surgimiento de la Asociación Europea de Cuidados Paliativos y el desarrollo de políticas institucionales por algunos gobiernos (Ministerio de Sanidad y Consumo, 2007).

En España, durante la década de los ochenta, varios profesionales viajaron al Reino Unido para conocer los avances en cuidados paliativos. En 1982, se inauguró la primera Unidad de Cuidados Paliativos en el Hospital Marqués de Valdecilla de Santander. La expansión de estos servicios continuó con la apertura de la Unidad de Cuidados Paliativos en el Hospital Santa Creu de Vic en 1987, seguida por la del Hospital Cruz Roja de Lleida en 1989. Ese mismo año se creó la Unidad de Medicina Paliativa en el Hospital El Sabinal de Las Palmas de Gran Canaria.

Durante este periodo, destaca el Programa Piloto de Planificación e Implementación de Cuidados Paliativos en Cataluña (1990-1995) impulsado por la OMS, cuya relevancia trasciende el ámbito catalán al influir notablemente en el desarrollo de los cuidados paliativos en toda España y Europa, al lograr integrar de forma exitosa y global estos cuidados en el Sistema Público de Salud, tanto en la atención domiciliaria como en los hospitales de la red pública.

En 1991, se creó la Cartera de Servicios de Atención Primaria en el INSALUD con el propósito de hacer explícitos, normalizar y homogeneizar los diversos servicios que se prestaban en los distintos programas de salud. Esta iniciativa fue fundamental para garantizar una atención más coordinada y de calidad dentro del sistema sanitario público, facilitando así el acceso y la continuidad de los cuidados, incluyendo los relacionados con los procesos de final de vida.

Paralelamente, la consolidación del campo de los cuidados paliativos en España se vio fortalecida con la fundación de diversas asociaciones y sociedades científicas especializadas. Además de la Sociedad Española de Cuidados Paliativos (SECPAL), surgió la Asociación Española de Enfermería de

Cuidados Paliativos (AECPAL), que agrupó a profesionales de enfermería comprometidos con esta área. Asimismo, se crearon sociedades científicas clave como la Sociedad Española de Medicina de Familia y Comunitaria (SemFYC), la Sociedad Española de Oncología Médica (SEOM), la Sociedad Española de Oncología Radioterápica (SEOR) y la Sociedad Española de Geriatría y Gerontología (SEGG), que han contribuido de manera decisiva a la investigación, formación y desarrollo de protocolos para una atención integral y multidisciplinar.

2.2. DEFINICIÓN CONCEPTUAL

En 1980, la OMS incorporó oficialmente el concepto de cuidados paliativos, promoviendo su desarrollo dentro del Programa de Control de Cáncer para, posteriormente en 1990, adoptar la definición formulada por la Asociación Europea de Cuidados Paliativos (2013), que describe esta atención como total y activa para pacientes cuya enfermedad no responde a tratamientos curativos, enfatizando el control del dolor, así como de otros síntomas y problemas sociales, psicológicos y espirituales, considerándolos aspectos prioritarios en el cuidado. Se añade además que

> los cuidados paliativos son interdisciplinarios en su abordaje y abarcan al paciente, la familia y la comunidad en su ámbito. En cierto sentido, los cuidados paliativos consisten en ofrecer el concepto más básico de atención: el de satisfacer las necesidades del paciente donde sea que se le atienda, ya sea en el hogar o en el hospital. Los cuidados paliativos afirman la vida y consideran el morir como un proceso normal; no acelera ni pospone la muerte. Se propone preservar la mejor calidad de vida posible hasta la muerte (European Association for Palliative Care, 2013: 7).

Definición que, en el contexto español, se completa con los siguientes principios sobre cuidados paliativos según el Ministerio de Sanidad y Consumo (2007):

a) Proporcionan alivio del dolor y otros síntomas.
b) Afirman la vida y consideran la muerte como un proceso normal.
c) No intentan acelerar ni retrasar la muerte.
d) Integran los aspectos espirituales y psicológicos del cuidado del paciente.
e) Ofrecen un sistema de soporte para ayudar a los pacientes a vivir tan activamente como sea posible hasta la muerte (p. 22).

2.3. MARCO NORMATIVO

2.3.1. Políticas y marco normativo en la Unión Europea

En la Unión Europea, el Consejo de Europa ha formulado diversas recomendaciones y resoluciones dirigidas a los Estados miembros en relación con la atención al final de la vida. La Resolución 613 (1976) del Consejo de Europa sobre los derechos de los enfermos y moribundos destaca el derecho de las personas en situación de enfermedad terminal a morir en paz y con dignidad. Por su parte, la Recomendación 779 (1976), relativa a los derechos de estos/as pacientes, señala la obligación de los/as profesionales sanitarios de hacer todos los esfuerzos posibles, conforme al estado actual del conocimiento médico, para aliviar el sufrimiento, garantizar el derecho a recibir información completa y facilitar la preparación psicológica para afrontar una muerte próxima. En 1995, la Resolución sobre el respeto de los derechos humanos en la Unión Europea instó a los Estados miembros a priorizar la creación de centros especializados en medicina paliativa para asegurar un trato digno a las personas en fase terminal.

Respecto a los cuidados paliativos de forma concreta, destaca la Recomendación 1418 (1999), que establece estos cuidados como un derecho y una prestación sanitaria fundamental, protegiendo los derechos humanos y la dignidad de pacientes terminales. En esta, se subraya la importancia de proporcionar información veraz y completa —respetando siempre el derecho a no ser informado/a—, de garantizar que ninguna persona en situación terminal sea sometida a tratamientos médicos contra su voluntad y de respetar el rechazo o la revocación de tratamientos mediante decisiones expresas o voluntades anticipadas. Asimismo, se enfatiza la necesidad de ofrecer cuidados que permitan sobrellevar el proceso de enfermedad y muerte con el menor sufrimiento posible, combatiendo el dolor físico incluso si ello acorta la vida y brindando apoyo psicológico para mitigar el sufrimiento psicosocial. Además, se insta a los Estados miembros a legislar en relación con aspectos como evitar que las personas mueran soportando padecimientos insoportables, la prolongación indeseada del proceso de muerte, el aislamiento social, el temor a ser una carga para el entorno y la prohibición de limitar los medios de soporte vital por razones económicas o por falta de recursos.

La Carta Europea de Derechos de los Pacientes (2002) reconoció el derecho a recibir cuidados paliativos y a un trato digno en la etapa final de la vida, garantizando la autonomía y el respeto a las decisiones. Este marco se complementa con la Recomendación 24 (2003), que insta a los estados a adoptar legislación y políticas específicas para la organización de los cuidados paliativos, y con la Resolución B6-0132/2008 del Parlamento Europeo sobre la lucha contra el cáncer, que solicita la inclusión y promoción de los cuidados paliativos dentro de la estrategia integral contra esta enfermedad.

2.3.2. Políticas y marco normativo estatal

En 1995, entró en vigor el Real Decreto 63/1995, de 20 de enero, sobre la ordenación de las prestaciones sanitarias del SNS, en el que se establecen las prestaciones básicas, incluyendo expresamente "la atención domiciliaria a pacientes inmovilizados y terminales" desde la Atención Primaria (Anexo I.3.e). Cuatro años más tarde, en 1999, el Pleno del Senado aprobó una moción que instaba al Gobierno a elaborar un Plan Nacional de Cuidados Paliativos (Cortes Generales, 1999). Este plan se materializó en 2001 con la publicación del documento "Plan Nacional de Cuidados Paliativos: Bases para su desarrollo", aprobado por el Pleno del Congreso Interterritorial del SNS, cuyo objetivo general era "mejorar la calidad de vida de los enfermos en situación terminal y de sus familias de manera racional, planificada y eficiente, garantizando los cuidados paliativos según los principios rectores del Sistema Nacional de Salud" (Ministerio de Sanidad y Consumo, 2001: 5).

En 2003, se promulgó la Ley 16/2003, de 28 de mayo, de cohesión y calidad del Sistema Nacional de Salud, que definió las prestaciones del SNS en ámbitos como salud pública, atención primaria, especializada, sociosanitaria y de urgencias. En esta ley, se reconoce como derecho básico la atención a pacientes terminales tanto en atención primaria como especializada (artículos 12.2.g y 13.2.f). Posteriormente, el Real Decreto 1030/2006, de 15 de septiembre, estableció la cartera de servicios comunes del SNS y el procedimiento para su actualización, destacando la necesidad de una valoración integral de los síntomas y la posibilidad de derivación a servicios especializados en casos complejos. En 2005, la Comisión de Sanidad y Consumo del Congreso de los Diputados aprobó una Proposición No de Ley que solicitaba evaluar la situación de los cuidados paliativos en ese momento y desarrollar un plan estatal que las comunidades autónomas deberían implementar posteriormente (Cortes Generales, 2005).

En 2007, el Ministerio de Sanidad, Política Social e Igualdad publicó la Estrategia Nacional de Cuidados Paliativos, cuyo objetivo era "establecer compromisos adecuados, viables y medibles por parte de las comunidades autónomas para contribuir a la homogeneidad y mejora de los cuidados paliativos en el Sistema Nacional de Salud" (Ministerio de Sanidad y Consumo, 2007: 20). Ese mismo año entró en vigor el Real Decreto 124/2007, de 2 de febrero, que regula el Registro Nacional de Instrucciones Previas y su fichero automatizado, para garantizar el respeto a las voluntades anticipadas.

En 2011, se aprobó el Anteproyecto de Ley de Cuidados Paliativos y Muerte Digna, posteriormente denominado Proyecto de Ley de Derechos y Garantías de la Dignidad de la Persona en el Proceso de Muerte, con el fin de "regular el ejercicio de los derechos de la persona durante el proceso de su muerte, los deberes del personal sanitario que atiende a estos pacientes, así como las garantías que las instituciones sanitarias deben proporcionar" (artículo 1). Sin embargo, esta ley aún permanece en tramitación parlamentaria.

Desde 2010, diversas comunidades autónomas comenzaron a aprobar leyes propias sobre derechos y garantías de las personas en procesos de finalización de vida, aunque sin un desarrollo homogéneo en todo el territorio nacional. La primera fue la Ley 2/2010, de 8 de abril, de Andalucía, que en su preámbulo subraya la importancia de no confundir el concepto de eutanasia con otras acciones que no tienen relación con esta. Cabe señalar que en ese momento tanto la eutanasia como el suicidio médicamente asistido estaban tipificados como delitos en el Código Penal (Ley Orgánica 10/1995, de 23 de noviembre, artículo 143), con penas que oscilaban entre dos y diez años.

A partir de esta ley, se fueron aprobando las restantes legislaciones autonómicas que, pese a algunas diferencias formales y en la organización del contenido, regulan derechos similares. Entre ellos, el derecho a la dignidad de la persona, promoviendo su autonomía, libertad, igualdad y voluntad, el derecho a rechazar o interrumpir tratamientos incluso cuando ello suponga un riesgo para la vida y sin que ello implique una merma en la atención integral, y el derecho a recibir cuidados paliativos, tratamiento del dolor y sedación paliativa. Además, se detallan derechos relacionados con la información asistencial, la capacidad para la toma de decisiones, la posibilidad de realizar declaraciones anticipadas, así como el derecho a la confidencialidad y al acompañamiento. También se especifican derechos para personas incapacitadas y para menores de edad.

Por último, los deberes del personal sanitario, destacando la obligación de respetar las normas, valores, creencias y preferencias de las personas a las que atienden y el derecho de objeción de conciencia, aspectos que se recogen en la legislación que se presenta en la tabla 2 a modo de síntesis.

TABLA 2

LEGISLACIÓN SOBRE DERECHOS Y GARANTÍAS DE LA DIGNIDAD DE LA PERSONA EN EL PROCESO DE MUERTE DE ESPAÑA

COMUNIDAD AUTÓNOMA	LEY
Andalucía	Ley 2/2010, de 8 de abril, de derechos y garantías de la dignidad de la persona en el proceso de la muerte
Aragón	Ley 10/2011, de 24 de marzo, de derechos y garantías de la dignidad de la persona en el proceso de morir y de la muerte
Comunidad Foral de Navarra	Ley Foral 8/2011, de 24 de marzo, de derechos y garantías de la dignidad de la persona en el proceso de la muerte
Illes Balears	Ley 4/2015, de 23 de marzo, de derechos y garantías de la persona en el proceso de morir
Canarias	Ley 1/2015, de 9 de febrero, de derechos y garantías de la dignidad de la persona ante el proceso final de su vida
Galicia	Ley 5/2015, de 26 de junio, de derechos y garantías de la dignidad de las personas enfermas terminales
País Vasco	Ley 11/2016, de 8 de julio, de garantía de los derechos y de la dignidad de las personas en el proceso final de su vida
Comunidad de Madrid	Ley 4/2017, de 9 de marzo, de derechos y garantías de las personas en el proceso de morir

TABLA 2

LEGISLACIÓN SOBRE DERECHOS Y GARANTÍAS DE LA DIGNIDAD DE LA PERSONA EN EL PROCESO DE MUERTE DE ESPAÑA (CONT.)

COMUNIDAD AUTÓNOMA	LEY
Principado de Asturias	Ley 5/2018, de 22 de junio, sobre derechos y garantías de la dignidad de las personas en el proceso del final de la vida
Comunitat Valenciana	Ley 16/2018, de 28 de junio, de derechos y garantías de la dignidad de la persona en el proceso de atención al final de la vida

Nota: No aparecen reflejadas aquellas comunidades autónomas que carecen de legislación específica sobre la materia.
Fuente: Elaboración propia.

2.4. SITUACIÓN ACTUAL

Los cuidados paliativos han adquirido un protagonismo creciente en las agendas sanitarias y sociales europeas ante el envejecimiento de la población, el aumento de las enfermedades crónicas y la necesidad de garantizar una atención digna al final de la vida (Centeno *et al.*, 2017).

Según la OMS (2020), la situación actual de los cuidados paliativos a nivel mundial evidencia una profunda desigualdad en el acceso y la prestación de estos servicios esenciales. Se estima que anualmente cerca de 40 millones de personas requieren cuidados paliativos, de las cuales el 78% reside en países de ingresos bajos y medianos. Sin embargo, solo un 14% de quienes los necesitan efectivamente los reciben, lo que revela una brecha significativa en la cobertura.

Entre los principales obstáculos se encuentran las políticas excesivamente restrictivas sobre el uso de morfina y otros medicamentos esenciales, que limitan el adecuado manejo del dolor, así como la insuficiente formación y sensibilización de los profesionales de la salud respecto a la importancia y los beneficios de la atención paliativa (Organización Mundial de la Salud, 2020).

En España, como en muchos países del entorno, el desarrollo de los cuidados paliativos ha sido progresivo pero desigual, con importantes avances conceptuales y profesionales, aunque con desafíos pendientes en cuanto a cobertura, equidad territorial e integración efectiva en el sistema sanitario (Sánchez-Gutiérrez *et al.*, 2022). A pesar de estar reconocidos como una prestación del SNS desde hace más de una década, su despliegue práctico presenta variaciones significativas entre comunidades autónomas.

En cuanto al reto de la equidad territorial, mientras algunas disponen de redes consolidadas de atención paliativa multidisciplinar, con equipos domiciliarios, unidades hospitalarias específicas y formación especializada, otras muestran déficits estructurales en personal, recursos y coordinación (Llop-Medina *et al.*, 2024). Esta heterogeneidad compromete la equidad en el acceso a una atención paliativa de calidad y hace patente la necesidad de una estrategia nacional renovada y vinculante.

Además, uno de los retos centrales sigue siendo la identificación adecuada de las personas con necesidades paliativas (Calsina-Berna *et al.*, 2022). Aunque tradicionalmente estos cuidados se han asociado a pacientes oncológicos en fase terminal, en la actualidad se reconoce que personas con enfermedades crónicas avanzadas no oncológicas, como insuficiencia cardíaca, enfermedad pulmonar obstructiva crónica (EPOC), demencias o enfermedades neurodegenerativas, también requieren atención paliativa (Alnajar *et al.*, 2025). Aun así, estos perfiles siguen infrarrepresentados en los servicios especializados, debido en parte a dificultades pronósticas, escasa sensibilización y barreras institucionales.

El desarrollo de los cuidados paliativos también enfrenta desafíos formativos. Aunque su inclusión en los planes de estudio de grado y posgrado ha mejorado en los últimos años, persisten lagunas en la formación específica de profesionales sanitarios/as y sociales (McPherson y Kitko, 2024).

Por tanto, en el contexto actual, marcado por la coexistencia con la legislación sobre eutanasia, los cuidados paliativos deben reforzar su visibilidad como parte esencial del derecho a una muerte digna, sin ser planteados como alternativa excluyente. Ante esto, quizás el camino sea el de una legislación a nivel estatal acompañada de una adecuada financiación.

3. PRESTACIONES DE AYUDA PARA MORIR (EUTANASIA Y SUICIDIO MÉDICAMENTE ASISTIDO)

3.1. ANTECEDENTES HISTÓRICOS

El debate en torno a la eutanasia no es un fenómeno reciente. Ya en la antigua Grecia, Hipócrates —considerado el "padre de la medicina"— formuló el conocido Juramento Hipocrático, en el que los/as médicos/as se comprometían, entre otras cuestiones, a no administrar sustancias letales. Tal como recoge el Ilustre Colegio Oficial de Médicos de Segovia (s.f.), una de sus cláusulas afirmaba: "No daré ninguna droga letal a nadie, aunque me la pidan, ni sugeriré un tal uso". Este principio reflejaba una visión de la medicina centrada exclusivamente en la curación y en la preservación de la vida, incluso en situaciones de extrema vulnerabilidad.

Igualmente, según señalan Bont *et al.* (2007), la propia Grecia antigua también podría haber sido una de las primeras civilizaciones en aceptar el suicidio bajo ciertas circunstancias. En el diálogo *Fedón o Sobre el alma*, Platón describe los últimos días de Sócrates antes de ingerir el veneno impuesto como condena. A través de este relato, se ofrece una reflexión filosófica sobre la muerte como posibilidad elegida de manera consciente, dando cuenta de un enfoque menos dogmático y más matizado respecto al final de la vida, y que se ejemplifica claramente con la frase "¿tiene el derecho de decidir, según su voluntad, la muerte que tarda demasiado en venir, y no esperar el plazo del destino?" (Platón, 1872: 9-10).

También, siguiendo a Esquivel (2004), en la época romana se encuentran reflexiones filosóficas relevantes sobre la autonomía individual en relación con el final de la vida. Destacan pensadores como Séneca, quien sostenía que corresponde a cada persona decidir sobre el sentido de su existencia y su capacidad de soportarla, considerando legítimo ponerle fin cuando la razón así lo aconseje; no se trata de huir de la vida, sino de saber abandonarla con dignidad. Por su parte, Epicteto argumentaba que, en ocasiones, la vida puede convertirse en una fuente constante de sufrimiento tanto para la propia persona como para su entorno, por lo que estos tendrían el derecho de tomar decisiones sobre su continuidad existencial.

En cuanto al cristianismo, en un inicio no condenaba el suicidio, sino que se consideraba un acto heroico, pero a partir del siglo IV comienzan las manifestaciones en su contra, destacando la figura de San Agustín, para el que no había ningún tipo de excepción a la hora de rechazarlo (Bont *et al.*, 2007; Esquivel, 2004). Debido a esto, a partir del Concilio de Arles en el año 452, el Código Canónico comienza a condenar el suicidio, estableciendo sanciones (González, 2016).

En el Renacimiento, surge un cambio de mentalidad relacionando eutanasia y el suicidio asistido con el buen morir, por lo que "había que ayudar al moribundo con todos los recursos disponibles para lograr una muerte digna y sin sufrimiento" (Bont *et al.*, 2007: 36). A finales del siglo XVIII y comienzos del XIX, surge la corriente filosófica del utilitarismo, que sostiene que una acción es moralmente aceptable cuando sus beneficios superan a sus perjuicios. Esta perspectiva influye en los cambios sociales y jurídicos posteriores, cristalizando durante la Revolución francesa con la despenalización del suicidio, al considerarse una decisión que podía responder a criterios racionales de bienestar y sufrimiento (Esquivel, 2004).

Durante finales del siglo XIX y principios del XX, comienzan a tomar fuerza algunas corrientes eugenésicas, impulsando "comportamientos genocidas hacia personas con enfermedad mental, discapacidad intelectual o enfermedades neurodegenerativas" (Martín, 2020: 4), por ejemplo, durante el nazismo, momento en que se utilizaba el término eutanasia como sinónimo de eugenesia, consistente en el asesinato de personas consideradas en ese momento histórico como indignas. Si bien se menciona este hecho aquí para resaltar que en la actualidad ya no cabe pensar eutanasia como sinónimo de eugenesia, pues esta última se refiere al "estudio y aplicación de las leyes biológicas de la herencia orientados al perfeccionamiento de la especie humana" (Real Academia Española, s.f.b), que nada tiene que ver con querer finalizar la vida de uno/a mismo/a de forma voluntaria.

Más recientemente, en 1974, se publica "A Plea for Beneficent Euthanasia" en la revista *The Humanist*, documento firmado por 40 intelectuales en el que se afirma que la eutanasia significa "buena muerte" y puede definirse como un modo o acto de inducir o permitir la muerte sin dolor como alivio del sufrimiento. Lo presentaron como un esfuerzo por hacer posible una muerte "suave y fácil" para quienes padecen una enfermedad o lesión incurable en sus etapas terminales, pero solo si resulta en una muerte rápida e indolora, y si el acto en su conjunto es beneficioso para quien lo solicita (World Federation of Right to Die Societies, 1970).

A partir de la década de 1990, algunos estados de Estados Unidos comienzan a regular el suicidio médicamente asistido y, a partir del año 2000, esta práctica empieza a ser legislada también en otros países. Del mismo modo, desde comienzos del siglo XXI, se inicia en Europa la regulación de la eutanasia en determinados contextos nacionales, proceso que será analizado con mayor detalle en el subapartado dedicado a la legislación.

3.2. DEFINICIÓN CONCEPTUAL

Actualmente existe consenso desde la bioética y la doctrina penalista en utilizar el término eutanasia, del latín *euthanasia* y del griego *εὐθανασία* (*eu*, bueno o fácil, y *thanatos*, muerte), solo concerniente a aquella que se ocasiona de forma activa y directa, es decir, el "acto deliberativo de dar fin a la vida de una persona, producido por voluntad expresa de la propia persona y con el objeto de evitar un sufrimiento" (Ley Orgánica 3/2021: 34037).

Anteriormente, se aceptaban también los conceptos de eutanasia pasiva y eutanasia activa indirecta, cuya diferenciación terminológica —*a priori*— no era fácil, conllevando en numerosas ocasiones "confusión entre la ciudadanía, los profesionales sanitarios, los medios de comunicación y, aun, los expertos en bioética o en derecho" (Ley 10/2011: 7670). Se entendía entonces, por un lado, eutanasia pasiva como la "muerte derivada de la omisión de procedimientos o técnicas necesarios para la conservación de la vida de una persona" (Real Academia Nacional de Medicina de España, s.f.), tales como el rechazo o la revocación de respiración mecánica, alimentación artificial, antibióticos o cualquier medida de soporte vital. Y, por otro lado, la eutanasia activa indirecta, para denominar la "utilización de fármacos o medios terapéuticos que alivien el sufrimiento físico o psíquico, aunque aceleren la muerte del paciente" (Ley Orgánica 3/2021: 34037). Ante este concepto, la Organización Médica Colegial de España (s.f.) propuso como óptimo el término *doble efecto*, principio ético que permitiría adoptar un tratamiento con un efecto beneficioso y otro perjudicial, siempre que el resultado final revierta en beneficio.

Respecto al suicidio médicamente asistido, la Ley Orgánica 3/2021, de 24 de marzo, de regulación de la eutanasia (LORE) lo expone como la prescripción de una sustancia letal o su suministro profesional facilitando los medios necesarios —así como asesoramiento sobre la dosis— para que el/la paciente se lo autoadministre.

Todas estas definiciones —actuales o ya superadas— aparecen ligadas al contexto que la LORE contempla ante ciertos padecimientos u enfermedades. En concreto señala, por un lado, los padecimientos graves, crónicos e imposibilitantes, entendidos como los que limitan o imposibilitan la autonomía física y el desarrollo de las actividades diarias, conllevando sufrimiento físico y/o psíquico constante e insoportable, limitaciones que perdurarán con seguridad o gran probabilidad sin posibilidad de curación o mejoría, pudiendo darse la dependencia total de soporte tecnológico. Y, por otro lado, enfermedades graves e incurables (o incurables avanzadas) que producen "sufrimiento físicos o psíquicos constantes e insoportables sin posibilidad de alivio que la persona considere tolerable, con un pronóstico de vida limitado" (artículo 3.c).

3.3. MARCO LEGISLATIVO

3.3.1. Marco legislativo internacional

España fue el octavo país del mundo en legalizar la eutanasia y el suicidio médicamente asistido. En cuanto a la eutanasia previamente, —y por orden cronológico—, se legisló sobre el asunto en Colombia (1997), Países Bajos (2001), Bélgica (2002), Luxemburgo (2009), Canadá (2016), Australia-Victoria (2019) y Nueva Zelanda (2021). También existen otros países que regulan exclusivamente el suicidio médicamente asistido, como es el caso de Alemania, Austria, Suiza e Italia, y algunos estados de Estados Unidos. Una síntesis de toda la legislación actualizada se presentan en las tablas siguientes.

TABLA 3

LEGISLACIÓN INTERNACIONAL SOBRE SUICIDIO MÉDICAMENTE ASISTIDO

PAÍS	DENOMINACIÓN DE LA LEGISLACIÓN	AÑO DE ENTRADA EN VIGOR	MODELO
Estados Unidos (Oregón)	Ley de muerte con dignidad de Oregón	1994	Regulador
Suiza	Código Penal (artículos 114 y 115), ratificado por Tribunal Federal	2006	Despenalizador
Estados Unidos (Washington)	Ley de muerte con dignidad de Washington	2009	Regulador

TABLA 3

LEGISLACIÓN INTERNACIONAL SOBRE SUICIDIO MÉDICAMENTE ASISTIDO (CONT.)

PAÍS	DENOMINACIÓN DE LA LEGISLACIÓN	AÑO DE ENTRADA EN VIGOR	MODELO
Estados Unidos (Vermont)	Ley de Vermont de elección y control del paciente al final de la vida	2013	Regulador
Estados Unidos (California)	Ley de opción de vida	2016	Regulador
Estados Unidos (Colorado)	Ley de opciones para el final de la vida de Colorado	2016	Regulador
Estados Unidos (Washington D.C.)	Ley de muerte digna	2017	Regulador
Estados Unidos (Hawái)	Nuestro cuidado, nuestra elección	2019	Regulador
Estados Unidos (Nueva Jersey)	Ley de ayuda a morir para enfermos terminales	2019	Regulador
Estados Unidos (Maine)	Ley de muerte con dignidad de Maine	2019	Regulador
Italia	Sentencia 242/2019 del Tribunal Constitucional	2019	Despenalizador
Alemania	Sentencia del Segundo Senado de 26 de febrero de 2020	2020	Despenalizador
Estados Unidos (Nuevo México)	Ley de opciones para el final de la vida de Elizabeth Whitefield	2021	Regulador
Austria	Ley federal que promulga un Decreto Ley y la Ley de sustancias estupefacientes y el Código Penal a reformar	2022	Regulador
Portugal	Ley 22/2023 de 25 de mayo que regula las condiciones en que la muerte asistida no es punible y modifica el Código Penal	2023	Regulador

Fuente: Elaboración y traducción propia.

TABLA 4

LEGISLACIÓN INTERNACIONAL SOBRE EUTANASIA

PAÍS	DENOMINACIÓN DE LA LEGISLACIÓN	AÑO DE ENTRADA EN VIGOR
Colombia	Sentencia C-237	1997
Países Bajos	Terminación de la vida a petición y acto de suicidio asistido	2001
Bélgica	Ley del 28 de mayo del 2002 relativa a la eutanasia	2002
Luxemburgo	Ley de 16 de marzo de 2009 sobre la eutanasia y la asistencia al suicidio	2009
Canadá	Ley C-14	2016

TABLA 4

LEGISLACIÓN INTERNACIONAL SOBRE EUTANASIA (CONT.)

PAÍS	DENOMINACIÓN DE LA LEGISLACIÓN	AÑO DE ENTRADA EN VIGOR
Australia (Victoria)	Ley de muerte asistida de 2017	2019
Nueva Zelanda	Ley de elección para el final de la vida de 2019	2021
España	Ley Orgánica 3/2021, de 24 de marzo, de regulación de la eutanasia	2021
Australia (Occidental)	Ley de muerte asistida de 2019	2021
Australia (Tasmania)	Ley opciones en fin de vida	2022
Australia (Meridional)	Ley de muerte voluntaria asistida	2023
Australia (Queensland)	Ley de muerte voluntaria asistida	2023
Australia (Nueva Gales)	Ley de muerte voluntaria asistida	2023
Ecuador	Sentencia 67-23-IN/24	2024
Australia (Territorio de la Capital)	Ley de muerte voluntaria asistida	2025

Fuente: Elaboración y traducción propia.

3.3.2. Legislación nacional: la Ley Orgánica 3/2021 de regulación de la eutanasia

La legislación internacional ha ejercido una influencia significativa en la elaboración y contenido de la ley orgánica española sobre la eutanasia, aunque pueden apreciarse diferencias notables en aspectos concretos, como los requisitos relativos a la edad mínima para acceder a la prestación. Desde sus orígenes, tal como se señala en el preámbulo de la propia ley, se ha optado claramente por un modelo regulador, en el que se establecen los supuestos en los que la eutanasia puede considerarse una práctica legalmente aceptable, siempre que se cumplan determinados requisitos y garantías. En este sentido, se subraya que no resulta "aceptable que un país que haya despenalizado conductas eutanásicas no tenga elaborado y promulgado un régimen legal específico, precisando las modalidades de práctica de tales conductas eutanásicas" (Ley Orgánica 3/2021: 34038).

Así, en 2020 se presenta la Proposición de Ley Orgánica de regulación de la eutanasia, que culmina con la entrada en vigor de la Ley Orgánica de Regulación de la Eutanasia (LORE) en junio de 2021. Esta norma busca dar respuesta a una demanda social sostenida en el tiempo respecto a la necesidad de legislar sobre la eutanasia y el suicidio médicamente asistido, una cuestión marcada por el debate y la polarización de opiniones. No obstante, su regulación se enmarca en lo que se entiende como "obligación del legislador de atender a las demandas y valores de la sociedad, preservando y respetando sus derechos y adecuando para ello las normas que ordenan y organizan nuestra convivencia" (Ley Orgánica 3/2021: 34037).

Para ello, se asienta en la posibilidad de compatibilizar los derechos fundamentales de las personas recogidos en la CE como el de derecho a la vida, integridad física y moral (artículo 15 CE) y, por otro lado, la dignidad humana (artículo 10 CE), la libertad (artículo 1.1 CE), el derecho a la intimidad (artículo 18.1 CE) y la autonomía de la voluntad. Ante esta responsabilidad con la sociedad, se consideró esencial establecer una legislación específica que ofreciera garantías mediante requisitos definidos, un procedimiento detallado y mecanismos de control que asegurasen una práctica adecuada. Por ello, se optó por no recurrir únicamente a la despenalización —como ocurre en el caso de Suiza— debido a la posible inseguridad jurídica que esta vía podría generar.

En la tabla 5 se pueden encontrar concretados y sintetizados ciertos criterios fundamentales para comprender la legislación.

TABLA 5

CONTENIDO LEY ORGÁNICA 3/2021, DE 24 DE MARZO, DE REGULACIÓN DE LA EUTANASIA

Objeto y definiciones	Eutanasia (activa): acto deliberado de dar fin a la vida de una persona, producido por voluntad expresa de la propia persona y con el objeto de evitar un sufrimiento. Suicidio médicamente asistido: el/la profesional facilita los medios necesarios, la prescripción de la sustancia o su suministro, así como asesoramiento sobre la dosis necesaria para que el paciente se lo administre.
Requisitos	Mayor de 18 años, capaz y consciente, nacionalidad española, residencia legal o certificado de empadronamiento de más de 12 meses, decisión autónoma, enfermedad grave incurable o padecimiento grave crónico imposibilitante con sufrimiento físico o mental, consentimiento informado.
Modelo	Regulador.
Declaración anticipada	Sí.
Objeción de conciencia	Sí. Solo para personal sanitario a través del registro de profesionales sanitarios objetores/as de conciencia.
Procedimiento	Solicitud de eutanasia por escrito (con fecha y firma), se incorpora a la historia clínica y se verifica que la solicitud cumple con los requisitos. Proceso deliberativo entre médico/a y paciente para discutir las alternativas terapéuticas disponibles. Segunda solicitud con al menos 15 días de diferencia de la primera. Segundo proceso de deliberación. El/la médico/a debe preguntarle al/la paciente si desea continuar con el proceso. En caso afirmativo, el/la médico/a debe informar al equipo asistencial, familiares y el/la paciente debe firmar un consentimiento informado. El/a médico/a deberá contactar a otro/a médico/a independiente, quien deberá evaluar la solicitud. Se entrevista al/la paciente y se emite un informe en un plazo máximo de 10 días. Si ambos/as están de acuerdo en que cumple con la ley, el/la responsable emite un informe a la presidencia de la Comisión de Garantías y Evaluación, que designa a un/a médico/a y un/a jurista para evaluar el caso en menos de 7 días. Se notifica resolución a la presidencia. Si es favorable, se notifica al médico/a responsable en el plazo de 2 días. A partir de entonces, entre 30 y 40 días después de la primera solicitud, se puede realizar la eutanasia. Si no es favorable, el curso dependerá del momento del proceso en que se deniega.
Comisión	Sí. Comisiones de Garantía y Evaluación (autonómicas).
Funciones de la comisión	Resolución de solicitudes denegadas, pendientes y elevadas a pleno, verificar que las prestaciones se realicen, resolver dudas, presentar informes y detectar problemas en el cumplimiento, proponiendo mejoras.
Composición de la comisión	Mínimo siete miembros. Multidisciplinar. Siempre tiene que haber un profesional de la medicina, de la enfermería y un/a jurista.

Fuente: Elaboración propia a partir de la Ley Orgánica 3/2021, de 24 de marzo, de regulación de la eutanasia.

Además, la LORE prevé Comisiones de Garantía y Evaluación, órganos administrativos creados por los gobiernos autonómicos (quienes determinan también su régimen jurídico), a excepción de las ciudades autónomas de Ceuta y Melilla, que es el Ministerio de Sanidad quien los desarrolla. En cuanto a su composición, deben contar con un mínimo de siete miembros, entre los cuales debe incluirse obligatoriamente un/a jurista, un/a médico/a y un/a enfermero/a.

La ley orgánica establece que el resto de integrantes deben pertenecer a disciplinas diversas, sin concretar cuáles, lo que deja en manos de cada comunidad autónoma la definición de los perfiles profesionales y el número de representantes de cada ámbito. Como consecuencia, profesiones clave como el trabajo social —encargado de abordar la dimensión social del proceso de morir— pueden ser incluidas o excluidas según criterios políticos autonómicos, una falta de homogeneidad que puede dificultar la incorporación efectiva de un enfoque biopsicosocial integral en la toma de decisiones.

3.4. SITUACIÓN ACTUAL

Las prestaciones de ayuda para morir se han convertido en uno de los temas más relevantes y debatidos en el ámbito de la bioética, el derecho y las políticas públicas contemporáneas (Espericueta, 2025). Su reconocimiento legal en España ha supuesto un cambio profundo en la forma de entender el final de la vida y los derechos de las personas en situaciones de sufrimiento irreversible, sumándose así al reducido grupo de países que han optado por legislar al respecto (Sánchez, 2023; Velasco-Bernal y Trejo-Gabriel-Galán, 2022).

Desde su entrada en vigor, el desarrollo de la ley ha generado un importante proceso de institucionalización. Además, se han previsto garantías reforzadas, como la doble solicitud, la intervención de un Comité de Garantía y Evaluación y el respeto a la objeción de conciencia del personal sanitario. Este modelo intenta equilibrar el respeto a la autonomía personal con la seguridad jurídica y la ética profesional, en un terreno socialmente sensible.

En los años posteriores a la aprobación de la ley, el número de solicitudes de eutanasia ha crecido de forma progresiva, aunque todavía representa una proporción muy reducida del total de defunciones. En 2023, se registraron 766 peticiones en España y 334 prestaciones efectivas, lo que refleja tanto una demanda estable como la consolidación del procedimiento (Ministerio de Sanidad, 2024). Algunas comunidades autónomas, como Cataluña, Madrid, Canarias o el País Vasco, presentan tasas más elevadas de solicitudes, probablemente vinculadas a una mayor sensibilización institucional y al desarrollo de protocolos asistenciales más ágiles (Ministerio de Sanidad, 2024).

La implementación de la ley, no obstante, no ha estado exenta de dificultades. Se han documentado diferencias territoriales en los tiempos de respuesta, obstáculos burocráticos y casos en los que las decisiones judiciales han interferido en procesos clínicos avanzados. Asimismo, persisten desafíos éticos y organizativos, desde la formación del personal sanitario hasta la articulación con los equipos de cuidados paliativos, cuya labor no debe ser concebida como excluyente, sino complementaria. También se ha abierto un debate importante sobre el papel del trabajo social y otras disciplinas psicosociales en el acompañamiento de las personas que solicitan ayuda para morir y de sus entornos, especialmente en contextos de vulnerabilidad (Antifaeff, 2019).

A nivel europeo, la tendencia es hacia una ampliación del debate. Como se ha visto, Estados como Países Bajos, Bélgica y Luxemburgo cuentan con leyes consolidadas desde hace años, mientras que otros como Alemania, Austria y Portugal han avanzado hacia modelos regulados de muerte médicamente asistida (Mroz *et al.*, 2021; Velasco-Bernal y Trejo-Gabriel-Galán,

2022). Este panorama sugiere un cambio de paradigma respecto a la forma de entender el derecho a morir, y obliga a reflexionar no solo sobre los límites del sufrimiento, sino también sobre el papel del Estado, la dignidad humana y las condiciones estructurales que rodean la toma de decisiones en el final de la vida.

4. PRINCIPALES CONSECUENCIAS Y NECESIDADES BIOPSICOSOCIALES EN FIN DE VIDA

En los distintos contextos de final de vida descritos previamente con detenimiento, los/as pacientes atraviesan una serie de consecuencias y necesidades derivadas de los procesos de enfermedad avanzada incurable y, posteriormente, terminal. Al tratarse de enfermedades sin posibilidad de curación, implican transformaciones significativas que exigen reajustes en múltiples dimensiones de la vida a nivel personal, familiar, social y laboral (Hanson y Gluckman, 2011).

En este proceso influyen múltiples factores psicosociales, como las condiciones socioeconómicas, los aspectos culturales, étnicos y de género, las relaciones interpersonales, la personalidad, la capacidad cognitiva y los estilos de afrontamiento, que inciden en el desarrollo de la enfermedad, su evolución, tratamiento y pronóstico (Turabián y Pérez-Franco, 2014). Tal y como afirman Astudillo y Mendinueta (2001), "los problemas sociales tienen un valor generador de patología y modulador de la evolución y pronóstico de cualquier enfermedad somática o mental" (p. 20). Frente a estas situaciones, los/as pacientes activan sus propios recursos de afrontamiento y buscan apoyo en sus familiares o personas significativas pero, en determinados casos, el sufrimiento alcanza tal intensidad que se hace necesario recurrir al acompañamiento profesional especializado (National Institute for Clinical Excellence, 2004).

La relevancia de los factores biológicos, en estrecha relación con los psicosociales, llevan a destacar la necesidad de investigar estos fenómenos de forma integral. Esta investigación debe orientarse a desarrollar y mejorar las intervenciones dirigidas tanto a pacientes como a sus personas significativas, identificando sus necesidades y prioridades a través del análisis de los factores que influyen de forma positiva o negativa en su bienestar. Como recuerda Limonero (2001), es fundamental tener presente una realidad a menudo pasada por alto, que la enfermedad no ocurre en el vacío, sino en una persona con una historia de vida, recursos propios, un entorno sociofamiliar, una situación socioeconómica determinada y un tratamiento médico concreto, todo ello enmarcado dentro de una sociedad específica.

En estas situaciones, la detección de necesidades y el control de los síntomas en la dimensión física constituyen la base de los cuidados. Según Monroe (1983), cuando los/as profesionales del equipo asistencial consiguen aliviar de forma eficaz los síntomas físicos, es entonces cuando emergen las necesidades psicosociales y espirituales, que habitualmente permanecen en un segundo plano. En ese momento, los/as trabajadores/as sociales pueden —y deben— intervenir, tanto con el/la paciente como con su entorno sociofamiliar. Turabián y Pérez-Franco (2014) refuerzan esta perspectiva al comparar los factores psicosociales con la parte sumergida de un iceberg, invisible a simple vista, en contraste con la dimensión física o biológica, que representa la parte visible. Grau y Scull (2013) subrayan la importancia de este fenómeno al señalar que "las diversas necesidades psicológicas no saldrán a la luz si no se pregunta específicamente por ellas, si no se controlan los síntomas molestos y si el paciente no encuentra un ambiente apropiado para exponerlas" (p. 171).

Del mismo modo, no es posible generalizar las necesidades psicosociales a las personas en proceso de finalización de vida, ya que cada paciente es único/a, al igual que su contexto vital, social y familiar. No obstante, algunos/as autores/as como Vanzini (2010) o Moro y Lerena (2011) han propuesto clasificaciones aproximadas de las principales necesidades que tienden a presentarse con mayor frecuencia en estos momentos, con el objetivo de facilitar su detección y atención sistemática por parte de los equipos profesionales:

a) Necesidades biológicas o físicas: aseo personal, alimentación, reposo, sueño, actividad física, constantes vitales o cambios posturales. Estas se atenderán en función de la sintomatología y percepción de cada paciente.
b) Necesidades sociales: a nivel externo como los económicos, laborales, rechazo, alejamiento o deterioro de las redes de apoyo, y a nivel interno (dentro de las familias) como la aparición de sintomatología depresiva, miedo, ansiedad, impotencia, etc. En este conjunto es fundamental tener en cuenta no solo los factores de riesgo, sino también los de protección.
c) Necesidades emocionales: sentimientos tanto del/la paciente como de sus familiares o personas significativas, e incluso de los miembros de los equipos terapéuticos.
d) Necesidades espirituales: inquietudes existentes que influyen en el trayecto que el/la paciente realiza durante la finalización de su vida. Principalmente relacionadas con el reconocimiento como persona, posibilidad de releer su vida, búsqueda de sentido a la propia existencia, reconciliación personal, dejar a un lado la culpabilidad por algunos sucesos de su vida, sensación de trascendencia y continuidad, pensar la vida más allá de sí mismo/a, poder expresar sentimientos, esperanza auténtica, soledad, silencio, privacidad, arraigo, cumplimiento de deberes, gratitud, estética, estar en paz y de poder realizar prácticas religiosas y acceder a alguien

especializado/a en este ámbito (Benito, Dones y Babero, 2016; Tosao, 2012; Yousefi y Abedi, 2011).

Según Vanzini (2010), es necesario considerar las necesidades económicas, emocionales, comunicativas, de cuidados, estructurales, de soporte familiar, organizativas, así como aquellas específicas del ciclo vital en el que se encuentra la familia. Por su parte, Block (2006) propone tener en cuenta aspectos relacionados con el momento vital, el significado e impacto de la enfermedad, el estilo de afrontamiento (como estrategias de resolución de problemas, negación o evitación), la percepción de uno/a mismo/a, las relaciones interpersonales, las fuentes de estrés, los recursos espirituales, las circunstancias económicas y la relación entre personal sanitario y pacientes.

En este sentido, la guía del National Institute for Clinical Excellence (2004) recomienda evaluar el bienestar psicológico y ofrecer apoyo emocional a través de los/as profesionales implicados/as, garantizando que el personal reciba la formación y supervisión adecuadas y que, cuando sea necesario, se derive al/la paciente a atención especializada, incluyendo psiquiatría para trastornos psiquiátricos y psicología para procesos patológicos.

D'Urbano (2016) propone una clasificación que diferencia entre necesidades prácticas —relacionadas con la enfermedad y que incluyen la organización del cuidado, vivienda, alimentación, ayuda económica, transporte, actividad laboral o escolar, así como aspectos culturales o legales— y necesidades sociales, que abarcan la adaptación, comunicación, disfunción familiar, aislamiento social, toma de decisiones y declaraciones anticipadas, calidad de vida, violencia, adicciones y duelo. Todo ello debe considerarse desde una perspectiva que integre aspectos personales, familiares, ambientales y contextuales.

Turabián y Pérez-Franco (2014) presentan una clasificación de los aspectos psicosociales generales relacionados con las enfermedades, especialmente las crónicas, que resulta fundamental atender y comprender para ofrecer una intervención más efectiva desde un enfoque multidisciplinar. Estos aspectos se sintetizan en la tabla 6.

TABLA 6

ASPECTOS PSICOSOCIALES GENERALES DE LAS ENFERMEDADES

ASPECTOS PSICOLÓGICOS	ASPECTOS SOCIALES
Trauma	Rechazo
Estigma	Cambio de hábitos
Discriminación	Prohibiciones
Pérdida	Pérdida de la dignidad
Miedo	Cambio del papel en la familia y de la dinámica familiar
Angustia	Pérdida de control y de la independencia
Culpa	Pérdida de intimidad
Castigo	Cambios de rutina e imposibilidad de ciertas tareas
Estrés	Dependencia
Sufrimiento	Aislamiento social
Autoexclusión	Inadaptación social
Vergüenza	Estigmatización
Dependencia	Aumento de los costes médicos
Vulnerabilidad	Recriminaciones y anatemas religiosos y moralistas
Negación	Problemas educativos
Ira	Invalidez
Frustración	Imposibilidad de planificar el futuro
Irritabilidad	Discriminación laboral
Impaciencia	Absentismo laboral significativo
Depresión	Desempleo
Ansiedad	Problemas económicos
Imagen alterada del cuerpo	
Alteración de la sexualidad	
Pérdida de un sentido de control sobre sus vidas	
Dificultades interpersonales familiares	
Incumplimiento	
Hostilidad	

Fuente: Elaboración propia a partir de Turabián y Pérez-Franco (2014).

No obstante, es importante subrayar que no es posible ni pertinente homogeneizar la experiencia o necesidades de las personas usuarias ya que el comportamiento humano ante una situación límite, como la proximidad de la muerte, es complejo y diverso. Aun así, las nociones sobre las principales necesidades biopsicosociales son esenciales para proporcionar bienestar, potenciando recursos y satisfaciendo necesidades en la medida de lo posible. Estas nociones deben entenderse como una guía general. Por ello, es imprescindible que las intervenciones sean individualizadas y realizadas por equipos multidisciplinares capaces de abordar esta amplia complejidad (Ministerio de Sanidad y Consumo, 2008).

También son de gran relevancia las necesidades de familiares y personas significativas. Harding y Higginson (2003), a través de una revisión sistemática, las agrupan en categorías como ayuda domiciliaria, apoyo informal, información, asistencia económica, alivio del cansancio y la ansiedad, reducción del aislamiento y apoyo psicológico. Una petición reiterada por los/as cuidadores/as principales es el apoyo y el acompañamiento, ya que "frecuentemente las cuidadoras manifiestan tener sensación de abandono y soledad relacionadas con falta de apoyo en todas las esferas" (Ministerio de Sanidad y Consumo, 2008: 186).

Según Astudillo y Mendinueta (2001), las principales necesidades de la familia o personas significativas incluyen fundamentalmente permanecer junto al/la paciente, redistribuir sus funciones, mantener el funcionamiento del hogar, aceptar los síntomas y la creciente dependencia, recibir ayuda y soporte, tener la seguridad de una muerte confortable, expresar sus emociones, facilitar la actuación del equipo sanitario, colaborar en dejar las cosas en orden y facilitar la despedida.

Además, tras la fase terminal, comienza la fase de agonía, caracterizada por un aumento del cansancio, debilidad y somnolencia, disminución del interés por levantarse o recibir visitas, menor atención a lo que sucede a su alrededor, confusión, angustia y agitación (Ministerio de Sanidad y Consumo, 2008). Ante esto, la guía del National Institute for Clinical Excellence (2004) y autores como Ellershaw y Ward (2003) recomiendan atender no solo los cuidados físicos, sino también los aspectos psicológicos (temores, deseos, expresión emocional, ofrecer tranquilidad), los sociales o familiares (informar a la familia sobre la situación, usar lenguaje claro, aclarar dudas, mantener un ambiente tranquilo), los espirituales (mostrar receptividad y facilitar el acceso a ritos) y aspectos relacionados con el entorno (intimidad, higiene, ambiente sereno, espacio suficiente y facilidades para pernoctar).

Todos estos aspectos se relacionan con los ocho factores esenciales que Stilos *et al.* (2016) identifican para un tratamiento de calidad en los procesos de finalización de vida: el control efectivo del dolor y sus síntomas; comunicación clara con profesionales sanitarios; información a las personas significativas para prepararles ante una muerte inminente; espiritualidad, dignidad y respeto; toma de decisiones centrada en el paciente; atención a las necesidades prácticas de las personas significativas; necesidades de apoyo; y satisfacción general con el personal y las instalaciones sanitarias.

En definitiva, para las personas con una enfermedad incurable avanzada, la prioridad es el alivio de las consecuencias físicas, ya que se enfrentan a una situación que amenaza directamente su vida. No obstante, el control adecuado de la sintomatología física, aunque fundamental, no excluye la existencia de preocupaciones y necesidades psicosociales que también deben ser atendidas. Estas deben abordarse tanto con pacientes como con sus personas significativas, siempre desde un enfoque individualizado y multidisciplinar, para abarcar la gran complejidad y diversidad de necesidades y así alcanzar el mayor bienestar posible.

CAPÍTULO 3

CONTRIBUCIONES DEL TRABAJO SOCIAL EN LOS PROCESOS DE FIN DE VIDA

1. EL PAPEL DEL TRABAJO SOCIAL EN EL ÁMBITO SANITARIO EN LOS PROCESOS DE FIN DE VIDA

Las decisiones relacionadas con la salud no se sustentan únicamente en criterios clínicos objetivos, sino que están profundamente influenciadas por creencias, valores, preferencias personales y expectativas de vida. En este sentido, no se trata de afirmar que el personal sanitario descuide necesariamente estos aspectos en todos los casos, sino de reconocer que no es viable ni esperable que cubra todas las dimensiones de la atención, especialmente aquellas para las que no están específicamente especializados/as. Es aquí donde el trabajo social aporta una mirada complementaria e integral, abordando la complejidad emocional, social y ética que atraviesa la experiencia del final de la vida.

Sheldon (2000) considera que los/as profesionales de la medicina se centran fundamentalmente en la enfermedad y la sintomatología física, mientras que los/as trabajadores/as sociales proveen una atención centrada en la familia, enfoques compatibles y beneficiosos para el trabajo interdisciplinario. Por ello, el trabajo en equipo es esencial para la atención del/la paciente y el entorno relacional, un trabajo en equipo real que se sustente sobre la base de comprender que ninguna disciplina puede llegar a cubrir las diversas y complejas necesidades que surgen en los procesos de finalización de vida. Es imprescindible la sinergia del trabajo cooperativo interdependiente y complementario que aportan los equipos multidisciplinares (Amblàs *et al.*, 2006).

Esta orientación hacia el trabajo en equipo viene dada por la atención integral que procura el SNS español. Esto requiere equipos interdisciplinarios, un "enfoque del proceso de atención al paciente en el que participan profesionales de diferentes ámbitos y disciplinas, hecho de forma interactiva e integradora" (TERMCAT, s.f.), en el que se establezcan unos objetivos de intervención compartidos, aunque se diferencien las competencias y funciones de cada integrante.

Este plan de intervención interdisciplinar deberá ser dinámico y flexible, repensando los objetivos del mismo en función de los cambios producidos en la situación del/la paciente y su entorno, de forma que no solo permita abordar las necesidades presentes, sino que también puede facilitar intervenciones preventivas que anticipen situaciones de riesgo o sufrimiento evitable. En todo caso, se trata de una atención centrada en las necesidades, deseos y preferencias de la persona, adaptada a su situación de complejidad, sin perder de vista a la familia y, muy especialmente, al cuidador/a principal, quien suele asumir una carga significativa durante el proceso (Bonilla, 2017).

Para Sheldon (2000), la necesidad de una aproximación diagnóstica y de tratamiento que considere a la persona en su contexto social puede ser abordada de manera más eficaz desde el trabajo social, una idea ya presente en el pensamiento de Jane Addams. En los procesos de finalización de vida, su incorporación en los equipos se justifica por tratarse de una profesión históricamente comprometida con la atención a la pérdida, por su enfoque integral y sistémico que permite enmarcar la vivencia individual dentro de un entorno más amplio, y por su vocación de acompañamiento y apoyo orientado a generar cambio o, al menos, propiciar una reflexión significativa sobre dicho proceso (Small, 2001).

De forma específica, el trabajo social aporta su experiencia valorativa y diagnóstica psicosocial a nivel individual, familiar, grupal y comunitario, complementando el diagnóstico médico, que en este contexto constituye el eje de toda intervención. Además, el diagnóstico social no solo refuerza y amplía el diagnóstico médico, sino que facilita la adecuación del tratamiento de cada paciente. No se trata de un simple complemento o añadido, aborda los aspectos psicosociales que emergen con la presencia de la enfermedad mediante una metodología y técnicas propias, procurando dar respuesta a los dilemas sociales, emocionales, espirituales, médicos y familiares que acompañan los procesos de finalización de vida. Y todo esto se consigue a través de un acompañamiento más constante (Lima y González-Rodríguez, 2017).

No obstante, el problema del reconocimiento del trabajo social tiene calado no solo en su planificación, sino también en aspectos prácticos. Una de las principales problemáticas identificadas es que otros perfiles profesionales sanitarios como medicina o enfermería exponen que realizan cuidados específicos a nivel psicosocial para los que no están específicamente preparados/as (Chan, 2014; O'Connor y Fisher, 2011).

Una de las explicaciones ante este fenómeno es que los/as trabajadores/as sociales no tienen el privilegio que tienen los/as profesionales de la medicina y enfermería de acompañar al/la paciente a través de una atención mucho más continuada y constante (Clausen *et al.*, 2005).

Otra de las explicaciones es que la muchas veces extendida falta de formación específica del trabajo social en el ámbito sanitario de finalización de vida no permite que sus profesionales se asienten como expertos/as en la materia, lo que conlleva que su rol profesional se difumine y permita que profesionales no especializados/as en intervención psicosocial intervengan en este sentido (Chan, 2014; Christ y Sormanti, 2000). Además, en España en concreto, se suma el no reconocimiento del trabajo social en el ámbito sanitario como profesión sanitaria.

Esta formación específica y especializada, junto a una mayor información, ayudaría también a un mejor afrontamiento de la muerte por parte de los/as trabajadores/as sociales, naturalizándola. En este sentido, Catá *et al.* (2008) señalan que, aunque la mayoría de los/as profesionales del trabajo social se enfrentan en algún momento de su trayectoria a situaciones relacionadas con la muerte, a menudo lo hacen desde el respeto, pero también desde el desconocimiento, lo que puede llevar a que sus emociones o vivencias personales interfieran en su labor profesional.

La información y formación permiten, a su vez, detectar los problemas que suelen aparecer en los procesos de finalización de vida con alta frecuencia de un modo adecuado y profesional, entre los que se encuentran la toma de decisiones, conflictos que requieren mediación, implicación del entorno, falta de recursos de atención y cuidado, agotamiento, riesgo de claudicación, apoyo comunitario, falta de información, o las situaciones de alta dependencia, entre otros.

Además, los cuidados en el final de la vida se proporcionan, en muchos casos, bajo una perspectiva esencialmente clínica que también medicaliza las respuestas psicológicas y sociofamiliares, fenómeno que podría evitarse con un posicionamiento y reconocimiento claro del trabajo social (Chan, 2014). Esta perspectiva propicia que en algunas ocasiones no haya trabajadores/as sociales suficientes, los horarios sean insuficientes, que no se reconozca su rol y que otros/as profesionales no informen de la disponibilidad en los equipos o instituciones (Stilos *et al.*, 2016). Por ello, en muchos países la mejora en el acceso a los/as trabajadores/as sociales por parte de pacientes y personas significativas en procesos de finalización de vida se ha establecido como prioridad clave estratégica (Adams, 2008).

Asimismo, esta tendencia hacia las necesidades individuales termina poniendo énfasis también en la satisfacción de las necesidades tangibles y dificultades prácticas como las financieras o las relacionadas con la planificación del alta (Chan, 2014), lo que puede favorecer que se abandone la idea de contribuir en otros aspectos de la atención psicosocial que pueden resultar claves para el control de sintomatología física.

Este enfoque del modelo de intervención limita las oportunidades de *counselling* o asesoramiento y de intervención multinivel, sobre todo porque solo se recurre al trabajo social cuando se identifica una necesidad específica (Lloyd, 2000; Worth, 2001). Oliviere (2001) va un paso más allá y plantea que la intervención del trabajo social puede verse comprometida no solo por la falta de reconocimiento institucional, sino también por el desconocimiento general sobre el perfil profesional y por una imagen pública deficiente del mismo. Esta situación provoca que, con frecuencia, los aspectos sociales sean considerados secundarios o incluso abordados por profesionales no especializados/as.

En este contexto, el trabajo social ha tardado en consolidarse dentro de estos ámbitos específicos aunque progresivamente ha ido ganando presencia en diversos países europeos, a medida que se reconoce su relevancia en el desarrollo de nuevos modelos de atención al final de la vida, aportando sus valores, su cultura profesional y su experiencia (Brown y Walter, 2014). Del mismo modo, es necesario también ejercer una mirada autocrítica desde el propio trabajo social, identificando y abordando aquellas debilidades que requieren fortalecimiento para mejorar su práctica y posicionamiento, como el procurar resultar más visibles en instituciones donde no es el perfil profesional de referencia.

Una vez expuesta la situación contextual del trabajo social como una profesión clave en el ámbito sanitario y, en particular, en los procesos de finalización de vida, es posible concretar su intervención, la cual se centra principalmente en atender las necesidades psicosociales tanto de pacientes como de sus familiares y/o personas significativas, originadas por la vivencia de una enfermedad grave o en fase terminal.

Esta labor comprende el acompañamiento en la reorganización de la unidad familiar, el fortalecimiento de las capacidades de sus miembros, la mediación en conflictos y en decisiones complejas, la intervención en problemas de comunicación entre familia y paciente, el asesoramiento en el manejo de la información con menores o personas con especiales dificultades y la actuación preventiva ante posibles situaciones de claudicación de los/as cuidadores/as principales (Lima y González-Rodríguez, 2017).

El trabajo social procura cuatro contribuciones principales: ayudar a las personas ante la pérdida; aportar una perspectiva integral sistémica; aminorar o paliar el impacto del cambio; y educar y apoyar a los miembros del equipo multidisciplinar (Small, 2001). Sheldon (2000) propone poner el foco en las familias, en la influencia del medio externo, la necesidad de ser un miembro más del equipo interdisciplinar y manejar la ansiedad de la familia, el equipo y uno/a mismo/a.

De igual forma, se entiende que el accionar profesional implica una serie de cuestiones clave como son evaluar la situación de pacientes y entornos familiares, identificando factores de riesgo y estableciendo prioridades de intervención (Vanzini, 2010). Esto implica también la elaboración de una prognosis social y la delimitación de los problemas que no serán objeto de atención. A partir de este análisis, se plantean objetivos concretos y un plan de acción. Además, el/la profesional ofrece orientación sobre recursos disponibles y gestiona la documentación necesaria. Dentro de la intervención se incluye la contención emocional y la canalización adecuada de emociones, derivando a otros/as especialistas si se requieren apoyos específicos. Se brinda también apoyo psicosocial tanto a la familia como a las personas significativas, con el fin de activar sus propios recursos. Asimismo, el/la trabajador/a social media en situaciones de conflicto, acompaña y capacita a la persona cuidadora y atiende el proceso de duelo. Finalmente, puede colaborar en la coordinación y apoyo al voluntariado implicado en los cuidados.

En todo caso, esta atención debe promover el alivio del dolor y otros síntomas que generen sufrimiento, afirmar la vida y considerar la muerte como proceso natural, no pretender apresurar ni retardar la muerte, integrar la dimensión psicosocial y espiritual, apoyar a los/as pacientes para que vivan activamente hasta la muerte, apoyar a las familias o personas significativas, trabajar en equipo para abordar las diversas necesidades (entre ellas las relacionadas con el duelo) y reforzar y mejorar la calidad de vida (Di Maio, 2014).

En cuanto a los objetivos del trabajo social, Bermejo, Díaz-Albo y Sánchez (2011) proponen la búsqueda de recursos técnicos, proporcionar recursos humanos suficientes, evitar la claudicación, colaborar en la organización de tareas y funciones y escuchar temores y preocupaciones proponiendo posibles soluciones. De ello se desprende la función preventiva detectando necesidades antes de que aparezcan, la función asistencial ayudando a resolver las problemáticas psicosociales de pacientes o personas significativas para potenciar sus capacidades adaptativas y del proceso de duelo y la función docente tanto en el equipo como en otros entornos científicos a través de divulgación.

Por otro lado, cabe señalar que hasta ahora estos objetivos y funciones dentro del trabajo social en el ámbito sanitario en fin de vida se concebían para los cuidados paliativos, pues como hemos visto anteriormente, las prestaciones de ayuda para morir se legalizaron en España durante 2021. No obstante, son totalmente extrapolables al fenómeno general de los procesos de finalización de vida, aunque caben señalar algunos aspectos idiosincrásicos del trabajo social en las prestaciones de ayuda para morir. Máxime, porque la mayoría de las solicitudes de prestaciones de ayuda para morir en otros países con un mayor recorrido en su regulación o despenalización tienen una dimensión psicosocial, para lo que los/as trabajadores/as sociales deben estar preparados/as para comprender los factores personales y contextuales que median ofreciendo apoyo (Antifaeff, 2019).

En las prestaciones de ayuda para morir, desde el trabajo social se aporta la perspectiva contextual, contribuyendo al plan elaborado para dicha solicitud y apoyando tanto al/la persona solicitante como a su entorno (Antifaeff, 2019). Al igual que ocurre con la legislación canadiense —en vigor desde 2016—, aunque la evaluación de los/as trabajadores/as sociales no influye en la elegibilidad de la solicitud, es beneficiosa a la hora de diagnosticar necesidades insatisfechas que puedan contribuir de un modo u otro a que se solicite una prestación de ayuda para morir (Canadian Association of Social Workers, 2016). De hecho, una de las principales preocupaciones que pueden influir en esta toma de decisiones es que los/as pacientes se consideren una carga para su entorno, aspecto que puede dilucidarse a través de la intervención del trabajo social (Csikai, 2004; Miller, Hedlund y Soule, 2006).

Igualmente, la valiosa contribución que puede realizar el trabajo social en las solicitudes de prestaciones de ayuda para morir no debe ir enfocada a disuadir a los/as pacientes. La labor del trabajo social en estas casuísticas debe enfocarse en el estudio y diagnóstico de posibles necesidades psicosociales (contextualizadas dentro de un enfoque biopsicosocial más amplio), con las que no se han intervenido y/o satisfecho, para lo que es crucial que, igual que se tiene acceso a otros servicios esenciales, se tenga acceso a un/a trabajador/a social (García-Aguña, 2024).

Otro aspecto es el del miedo a la muerte o al proceso incierto de morir. Para ello, desde el trabajo social se deben explorar los conceptos de calidad de vida y cómo se relaciona con el sufrimiento que se está viviendo (Miller *et al.*, 1998). Se necesitan habilidades comunicativas avanzadas que propicien el diálogo terapéutico mencionado, proporcionando un espacio seguro en el que el/la paciente pueda realizar ventilación emocional y explorar su miedo, tristeza, rabia, o el sentido de su vida y su muerte (Antifaeff, 2019). Ante esto último, si el/la paciente necesitase de acompañamiento espiritual con una mayor intensidad, el/la trabajador/a social podría servir para conocer estas necesidades y derivar a una persona especializada en estos tópicos, pues la espiritualidad en el final de la vida es un aspecto más del mantenimiento de la dignidad y la calidad de vida (Chochinov, 2002).

Como hemos visto al inicio del capítulo, otro aspecto importante es el ético. Ya hace décadas, Holmes (1980) exponía que los aspectos éticos de estos procesos y la bioética como rama especializada en ellos se consideraban tradicionalmente de dominio exclusivo de la medicina, obviando la perspectiva más amplia que ofrece el trabajo social. Si bien, se ha ido reconociendo la necesidad de un abordaje multidisciplinar de las cuestiones bioéticas —al menos a nivel teórico—, reconociendo el valor del trabajo social en la resolución de dilemas éticos de los procesos de finalización de vida. Principalmente, porque los/as trabajadores/as sociales suelen estar presentes en los reajustes que suceden entre pacientes y personas significativas durante la toma de decisiones al final de la vida, vinculando para promover la resolución de las problemáticas psicosociales o, al menos, movilizar los recursos y potenciar nuevos.

Ante esta necesidad se desarrolla el Código Deontológico de Trabajo Social español como documento marco del ejercicio profesional, cuyo objetivo es el de "acotar responsabilidades profesionales, promover el incremento de los conocimientos científicos y técnicos, definir el correcto comportamiento profesional con las personas con la persona usuaria y con otros profesionales" (Consejo General del Trabajo Social, 2018: 6). Para ello, se establecen unos principios que emanan de una concepción más abstracta y global, la de respetar la autodeterminación de los/as usuarios/as o, en este contexto determinado, pacientes. Estos son, según el Consejo General de Trabajo Social (2018), los principios básicos de dignidad, libertad e igualdad, y los principios generales de respeto, aceptación, superación de prejuicios, ausencia de juicios de valor, individualización, personalización, promoción integral de la persona, igualdad, solidaridad, justicia social, reconocimiento de los derechos humanos y sociales, autonomía, autodeterminación, responsabilidad/corresponsabilidad, coherencia y colaboración profesional e integridad.

También, como texto fundamental, encontramos los principios propuestos por la Federación Internacional de Trabajadores Sociales (FITS) (2018), como el reconocimiento de la dignidad inherente, la promoción de los derechos humanos, de la justicia social, del derecho a la autodeterminación, y a la participación, del respeto por la confidencialidad y privacidad, tratar a las personas como un todo, usar la tecnología de forma ética y mantener la integridad profesional.

Por todo ello, autores como San-Sebastián-Kortajarena e Idareta (2019) vinculan la dimensión más clínica de la bioética con la ética profesional del trabajo social, al reconocer una estrecha relación entre las definiciones y fundamentos que aporta cada campo del conocimiento. Ambas comparten la expresión de valores fundamentales como el respeto por la dignidad humana, la libertad, la igualdad, la autonomía, la autodeterminación, así como los principios de justicia, beneficencia, participación e integralidad.

Todo ello es especialmente importante ya que el/la trabajador/a social intervendrá habitualmente en dilemas éticos concernientes a la calidad de vida, privacidad, confidencialidad, conflictos u opciones de tratamiento (Csikai, 2004). En todo caso, el trabajo social interviene con frecuencia en aspectos relativos al ajuste entre la máxima autodeterminación y su mejor interés, o el ajuste con las expectativas familiares (García-Aguña, 2021). Y es precisamente esta posición de cercanía con pacientes y entorno la que permite a los/as trabajadores/as sociales una situación de conocimiento profundo que resulta de relevancia capital para los procesos deliberativos éticos, llevando a cabo funciones de apoyo que promuevan la autodeterminación, el respeto por el valor y la dignidad individual y la interacción e interdependencia entre paciente y entorno (Csikai, 2004).

Por otro lado, para Lima y González-Rodríguez (2017) cabe incluir otra función más amplia de relación con otros/as profesionales, trabajo en red, sensibilización y cooperación. Allison *et al.* (1983) proponen servir como enlace con los recursos comunitarios, apoyar en la planificación vital, ayudar a la familia a lidiar con la interrupción de la relación y los/as pacientes con reacciones disfuncionales por la enfermedad, abordando la depresión, fatiga, inercia, confusión y desconcierto. Monroe (1983), considera fundamental también que los/as trabajadores/as sociales aporten al resto del equipo la perspectiva de lo necesario que resulta contextualizar cada caso, yendo de lo individual a lo contextual para planificar las intervenciones, realizando así una función de capacitación y apoyo al resto de profesionales. También, servir de enlace comunicacional entre profesionales, pacientes y personas significativas, de forma que se tengan en cuenta sus deseos y necesidades y la intervención rote en torno a ellos (Berzoff, 2008; Bomba *et al.*, 2011).

Como se ha desarrollado, el trabajo social aporta una perspectiva única que considera a las personas en su contexto y aúna esto con una perspectiva ética. A pesar de ello, y que la profesión ha estado presente en estos procesos desde hace más de cien años, en ocasiones las funciones del trabajo social no están lo suficientemente especificadas. Ante esta necesidad, Bosma *et al.* (2008) realizan una propuesta de las competencias del trabajo social en cuidados paliativos (extrapolables a cualquier contexto de fin de vida), en las que también se basan Stilos *et al.* (2016), con el fin de otorgar un marco del alcance del trabajo social en la atención al final de la vida, la enfermedad, la aflicción o el duelo. Estas competencias pueden resumirse en la tabla 7.

TABLA 7

COMPETENCIAS DEL TRABAJO SOCIAL EN PROCESOS DE FINALIZACIÓN DE VIDA

Defensa	De las necesidades, decisiones y derechos de pacientes y personas significativas a nivel micro, meso y macro del sistema de salud y la sociedad en general.
Valoración	De pacientes y familiares incluyendo información completa que facilite la toma de decisiones, planificación y prestación de la atención.
Prestación de los cuidados	Desde la perspectiva de que la persona que padece la enfermedad y su entorno sociofamiliar es una unidad de atención que debe abordarse desde un equipo interdisciplinario. Esta atención debe revisarse y ajustarse a las necesidades de forma periódica.
Planificación de la atención	Participación en el proceso colaborativo de toma de decisiones para establecer planes de atención relevantes y factibles.
Desarrollo de capacidades comunitarias	Desarrollar el compromiso y el apoyo de organizaciones y comunidades en los procesos de finalización de vida.
Evaluación	De procesos y resultados para asegurar que las necesidades están identificadas y se han abordado con la mayor eficacia posible. Estas deben hacerse con pacientes, entorno y otros miembros del equipo para mejorar la calidad de atención.
Toma de decisiones	Recopilar información en las valoraciones y evaluaciones para acompañar a paciente y entorno en la toma de decisiones.
Educación e investigación	Aportando la perspectiva psicosocial al desarrollo e implementación de labores educativas e investigadoras interdisciplinarias.
Compartir información	Brindar información con el fin de que al aportar los recursos informativos apropiados las personas puedan crecer y cambiar, a través del apoyo y acompañamiento.
Equipo interdisciplinar	Trabajo social debe garantizar que la dimensión psicológica y social sea fundamental y converja con las múltiples perspectivas, opiniones y experiencias del resto de ramas profesionales.
Práctica autorreflexiva	Para mejorar la práctica situándose a uno/a mismo/a en relación con su trabajo.

Fuente: Elaboración propia a partir de Bosma *et al.* (2008).

Con todo, el trabajo social en el ámbito sanitario se consolida como una profesión clave al abordar la dimensión social del cuidado, integrando el contexto vital, familiar y comunitario de cada persona. Todo ello desde una mirada integral de las condiciones que influyen en el bienestar y la dignidad en el final de la vida, centrada en los determinantes sociales de la salud. Esta labor especializada permite no solo facilitar el acceso a recursos y apoyos, sino también acompañar, contener y defender los derechos de quienes transitan esta etapa, contribuyendo a humanizar el sistema sanitario y a garantizar una atención equitativa, justa y centrada en las personas.

2. PROCESOS DE DUELO Y LA CONTRIBUCIÓN ESPECÍFICA DEL TRABAJO SOCIAL

Los procesos de pérdida representan uno de los factores más estresantes para las personas, especialmente cuando están relacionados con el fallecimiento. En los contextos de final de vida asociados a enfermedades crónicas, avanzadas e incurables, estos procesos comienzan desde el momento en que la persona enferma, y no únicamente a partir de su muerte, afectando tanto al/la paciente como a su entorno. Por ello, tanto quien padece la enfermedad como sus personas significativas deberán afrontar una situación de pérdida progresiva, cuya vivencia variará en función de las características personales y colectivas, las capacidades, las experiencias previas y el apoyo externo disponible (Novellas, 2017).

Todo ello genera preocupación e incertidumbre vinculadas a la presencia, explícita o no, cercana o no, de la muerte. Aunque el diagnóstico y el pronóstico de la enfermedad permiten cierto grado de preparación, la experiencia de la pérdida por fallecimiento no admite muchas anticipaciones, ya que solo puede vivirse al atravesarla. Esto sitúa a las personas significativas en una posición nueva, marcada por una especial fragilidad, que da inicio a un nuevo periodo de crisis conocido como duelo.

En términos generales el duelo se entiende como un proceso que se activa ante una pérdida o la posibilidad de que esta suceda, provocando una serie de reacciones biopsicosociales. Para que esta pérdida o ausencia genere un proceso de duelo en sí, debe existir una vinculación emocional y ser significativa para la persona que la vivencia. Además, esta pérdida incluye la pérdida no solo de seres queridos, sino también de objetos o situaciones. Si bien, en el presente contexto se concibe el duelo desde la perspectiva tanatológica, es decir, el "proceso por el que pasan una o varias personas posteriormente a la muerte de un ser cercano o con el que se ha mantenido un vínculo íntimo" (Novellas, 2017: 51).

Este proceso de duelo, completamente natural y normal, implica la vivencia de una crisis que requiere una readaptación al entorno físico, tanto a nivel cognitivo como emocional, de forma salutógena, fluida y en un tiempo flexible, afrontando las principales emociones asociadas al proceso, como la ansiedad, el miedo, la culpa, la confusión, la negación, la tristeza o el *shock*, entre otras (Ruiz y Palma, 2021).

Poch y Herrero (2003) describen las principales características del duelo, señalando que se trata de un proceso normal y dinámico, una vivencia individual y personal que repercute a nivel colectivo, siendo algo íntimo, pero a su vez social y activo. El énfasis en el duelo como proceso (no estado) normal, pone de manifiesto la necesidad de concebir estas reacciones como normales y contextualizarlas según las peculiaridades del sistema familiar y su cultura, pues cada comunidad cuenta con sus propias formas de proceder en torno al proceso de muerte, normalmente facilitadoras del proceso de duelo (Novellas, 2018; Torralba, 1998).

La intensidad del duelo dependerá de las expectativas y de los significados que se le atribuyan, así como de si la muerte ocurre de forma súbita o anunciada. Esta última posibilita cierta preparación ante la pérdida y la despedida, permitiendo resolver asuntos pendientes, lo que tiene efectos positivos para el entorno de quienes se encuentran en cuidados paliativos o que solicitan prestaciones de ayuda para morir (Antifaeff, 2019; Ganzini *et al.*, 2009; Novellas, 2017, 2018).

Para la despedida, "a menudo es necesario buscar a la persona de la familia con mayor capacidad para transmitir información de forma serena, para explicar con las palabras adecuadas a cada interlocutor cómo se irán sucediendo los hechos" (Novellas, 2018b: 102), puesto que aunque los/las trabajadores/as sociales suelen contar con más recursos comunicativos gracias a su formación, las personas significativas conocen mejor a cada miembro de su entorno, lo que les permite activar mecanismos personalizados para ofrecer acompañamiento y contención emocional.

Frente al duelo normativo, Ruiz y Palma (2021) proponen distinguir unas tipologías de duelo diferentes:

a) Duelo patológico: también denominado por el *Diagnostic and Statistical Manual of Mental Disorders (DSM) VI* como duelo complicado. Pueden aparecer conductas desadaptativas que dificultan el desarrollo de la vida personal y social. La intensidad emocional desborda a la persona, lo que impide elaborar el duelo y avanzar hacia su resolución. Se considera que existe riesgo de duelo patológico o complicado cuando este se prolonga excesivamente en el tiempo, su intensidad no se corresponde con la personalidad de quien lo experimenta, y obstaculiza la continuidad de la vida cotidiana y la expresión de afecto hacia los demás.
b) Preduelo: el ser querido o la situación vital finaliza en vida. Por ejemplo, pacientes que padecen enfermedades con grave deterioro.

c) Duelo inhibido o negado: no se acepta la pérdida por lo que se niega. En ocasiones concurre una falsa euforia que sugiere tendencia patológica.
d) Duelo crónico: duelo constante con una duración excesiva que impide el desarrollo personal.

Respecto a las etapas por las que pasan las personas durante el proceso de duelo, existen diversas aproximaciones teóricas. Según Bowlby (1997), el proceso de duelo comienza con una fase inicial de embotamiento emocional, que puede extenderse desde unas horas hasta varias semanas. A esta le sigue una etapa de protesta, en la que la persona experimenta negación y rabia ante la pérdida. Posteriormente, aparece una fase de desesperanza y búsqueda de la figura perdida, caracterizada por una tristeza intensa. Finalmente, se alcanza la etapa de desprendimiento, marcada por la aceptación de la pérdida y la toma de conciencia de la necesidad de retomar la vida cotidiana. Aunque estas fases puedan transitarse de forma salutógena y fluida, pueden persistir emociones de profunda tristeza.

Otra propuesta destacable es la de Neimeyer (2002), desde la teoría del constructivismo, por la cual se establecen principalmente tres fases durante el proceso de duelo: la evitación (*shock*, negación, incredulidad), asimilación (tristeza, desesperación, soledad, trastornos del sueño, del apetito, todo vivenciado con gran intensidad) y la acomodación (aceptación resignada de la muerte).

Durante estas etapas, la persona debe resignificar el vínculo con quien ha perdido, lo cual no implica necesariamente un cierre definitivo, sino canalizar el dolor mediante la búsqueda de sentido y significado. Se trata de una vivencia única e individual —aunque también social— que requiere un rol activo por parte de quien la transita (D'Urbano, 2016). Según Worden (1997), en estas fases pueden presentarse diversas dificultades físicas (como somatización, problemas respiratorios o alteraciones en la alimentación), conductuales (como el aislamiento social o la conservación de objetos de la persona fallecida), emocionales (tristeza, desamparo, rabia o culpa) y cognitivas (confusión o alucinaciones).

Ante estas reacciones, Worden (1997) plantea cuatro tareas que deben realizarse: aceptar la pérdida; experimentar las emociones ligadas; capacitarse para buscar el reajuste interno y externo y recolocar lo perdido de forma que se pueda continuar viviendo. De ello se desprende el objetivo principal de adquisición de habilidades y herramientas para el afrontamiento, potenciando las ya aprendidas y estimulando nuevas para que este periodo de crisis pueda suponer un fortalecimiento de la persona (D'Urbano, 2016).

No obstante, es importante señalar que las reacciones y dificultades mencionadas forman parte de un proceso de duelo normativo. Una parte esencial consiste en normalizar estos procesos mediante la educación y el acompañamiento, con el objetivo de ayudar a la persona a recuperar sus propias capacidades para continuar con su vida (Novellas, 2017). Una vez normalizadas estas emociones, resulta fundamental realizar tareas de ventilación y contención emocional, así como reforzar aquellas emociones vinculadas a experiencias positivas y alegres, con el fin de evitar sentimientos de culpa en quienes comienzan a retomar su vida.

En los contextos de final de vida relacionados con enfermedades, es fundamental prestar atención detallada a la persona que actúa como cuidadora principal. Estas personas comienzan a realizar tareas de apoyo que pueden ocupar una gran parte de su tiempo, ya que, con el deterioro progresivo y el aumento de la dependencia, se requieren cuidados continuos. Esto genera un alto riesgo de que la cuidadora principal pierda o abandone su empleo, o tenga dificultades para acceder a uno, afectando no solo en el aspecto económico, sino también en la autoestima y la realización personal (Ruiz y Palma, 2021).

Sumado al desgaste físico, psicológico y social, esto puede derivar en una situación de alta vulnerabilidad y riesgo de problemas de salud mental. Asimismo, es necesario atender también a otras personas del entorno familiar o social que mantienen una vinculación intensa, aunque no formen parte del grupo de cuidadores/as (Novellas, 2018).

Asimismo, los/as cuidadoras de personas con enfermedades crónicas, incurables y/o avanzadas suelen experimentar lo que se denomina preduelo, duelo anticipado y, posteriormente, duelo ambiguo, procesos de duelo que resultan especialmente exigentes, difíciles y complejos. Entre los factores que dificultan la elaboración de este tipo de duelo se encuentran la negación de la enfermedad, la sobrecarga, la falta de herramientas y recursos personales para afrontarlo, la incapacidad para pedir ayuda, la dificultad para poner límites y la ausencia de apoyo social (Ruiz y Palma, 2021).

Es por ello crucial que los/as trabajadores/as sociales intervengan desde su inicio, pues permite no solo proporcionar y facilitar al/la paciente y al entorno todos los elementos posibles, sino también para evaluar el proceso de duelo y promover que tenga un desarrollo saludable. Esto ayuda a prevenir la aparición de duelos patológicos y/o detectarlos. Así, es necesario atender a las demandas de apoyo en la gestión de los acontecimientos, pudiendo articular algunas preguntas en referencia a este tema para estimular la participación y la reflexión (Novellas, 2017).

Algunas de las tareas específicas desde el trabajo social son la prevención del aislamiento social, evitar el bloqueo del desarrollo social de las personas implicadas, disminuir el impacto en el comportamiento, facilitar la aceptación y ayudar en la readaptación (Ruiz, 2020). De esta manera, los/as trabajadores/as sociales deben ser competentes en el apoyo emocional y espiritual, actuando con empatía, paciencia y respeto hacia las creencias y emociones de cada persona, sabiendo escuchar activamente, mantener una presencia consciente y flexible, siempre desde la apertura ante las diversas formas de afrontamiento (Yousuf-Abramson, 2021).

Para abordar todos estos fenómenos, Worden (1997) plantea el asesoramiento y acompañamiento incluso en procesos de duelo normativos, realizando entrevistas de seguimiento con el entorno para detectar de forma temprana el posible aparecimiento de duelos no normativos y poder derivar a profesionales capacitados/as para intervenir en ellos. Estas primeras entrevistas tienen como objetivo, según D'Urbano (2016):

> Reforzar positivamente la tarea de cuidado efectuada por los familiares.
>
> Facilitar la expresión de emociones, sentimientos y pensamientos.
>
> Aclarar las dudas respecto a la muerte del familiar y/o al proceso de duelo.
>
> Estimular a que se ponga en palabras las circunstancias en que se produjo la muerte y el proceso de enfermedad.
>
> Derivar a especialistas según necesidad detectadas de los deudos.
>
> Informar sobre la evolución del duelo (p. 72).

Por ello, para Novellas (2017) es fundamental que los/as trabajadoras sociales intervengan en los procesos de duelo desde su inicio, ya que esto permite no solo brindar al paciente —mientras sea posible— y a su entorno todos los elementos facilitadores disponibles, sino también evaluar el proceso de duelo y promover su desarrollo saludable. La presencia de trabajadores/as sociales puede contribuir a la prevención de duelos patológicos, pero para ello es necesario atender las demandas de apoyo en la gestión de los acontecimientos, pudiendo plantear algunas preguntas relacionadas para estimular la participación y la reflexión (Novellas, 2018).

A nivel pragmático, Di Maio (2014) propone unos principios orientadores para la práctica en procesos de duelo desde el trabajo social:

> Estar sentado al dar malas noticias.
>
> Suministrar informaciones claras y precisas. Evitar clichés. No hacer promesas que no pueda cumplir.
>
> Reconocer que el sufrimiento es natural y que cada uno tiene su ritmo para luchar con el proceso del duelo. No debe intentar hacer que la persona pare de sufrir rápidamente.
>
> Hablar libera el estrés. Estar disponible para es-cuchar, sin juzgar o criticar. Escuchar es ayudar. No cambie el asunto, no se preocupe en responder a las preguntas.
>
> Dar espacio para el silencio y el contacto físico. Tocar, proteger físicamente es una forma de acogimiento no verbal.
>
> Identificar las emociones del doliente y las suyas, pues fuertes emociones dificultan la comunicación (p. 246).

En definitiva, además de acompañar y apoyar a las personas en situación de duelo para prevenir su patologización mediante el fortalecimiento de sus propias capacidades y habilidades —o la construcción de nuevas—, es fundamental llevar a cabo actuaciones concretas como la coordinación con el tanatorio, la mediación en posibles conflictos que surjan durante las gestiones, y la organización de ceremonias de diversa índole según las creencias religiosas, si las hay. Así, temas que en la vida cotidiana suelen ser naturales pueden transformarse en tabúes en estos momentos, por lo que resulta imprescindible facilitar y promover la comunicación abierta y respetuosa en torno a ellos.

Con todo, la intervención del trabajo social en el ámbito sanitario en el final de la vida no finaliza con el fallecimiento del/de la paciente, sino que continúa con el acompañamiento a las personas significativas tras su muerte. Este acompañamiento es posible y recomendable en los casos en los que no existe un proceso patológico, ya que los/las trabajadores/as sociales cuentan con la capacidad de intervenir en los niveles micro, meso y macrosocial. Aun así, idealmente, debería darse un trabajo complementario con otras profesiones de referencia como la psicología.

CONCLUSIONES

A lo largo de estas páginas hemos planteado que la noción de muerte digna no puede reducirse a un único significado, sino que se configura como la posibilidad de autodeterminación de cada persona en su etapa final. Esta capacidad, lejos de ser uniforme, depende de la cosmovisión individual, del entramado de valores personales y de la manera en que cada cual otorga sentido a su propia muerte. Ahora bien, situar la autodeterminación en el centro no equivale a caer en un enfoque individualista, sino que implica reconocer la complejidad de un proceso en el que intervienen familiares, profesionales, instituciones y, de manera decisiva, el marco sociocultural.

Partiendo de esta concepción amplia de la dignidad, resulta evidente que el cuidado al final de la vida no puede abordarse únicamente desde una visión médica. Aunque el modelo biopsicosocial abrió el camino hacia una atención más integral, en las últimas décadas se ha observado en la práctica una tendencia a su fragmentación en favor de una visión predominantemente biomédica. Un retroceso que no debe atribuirse de forma simplista a los/las profesionales del ámbito sanitario, que con frecuencia trabajan bajo una gran presión, sino a un entramado estructural que prioriza lo técnico sobre lo humano. Por ello, no podemos exigir que sean únicamente los/las sanitarios/as quienes carguen con la responsabilidad de desplegar una mirada biopsicosocial. Es imprescindible que disciplinas psicosociales, y en particular el trabajo social, consoliden su espacio y aporten su saber específico en un marco de trabajo realmente multidisciplinar y coordinado.

Desde esta perspectiva, la prevención y el cuidado en el final de la vida requieren incluir al sistema sociofamiliar y a la comunidad. Cuando se fomenta una cultura de apoyo y de comprensión en torno al fin de vida, cuando deja de tratarse como un tabú y se naturaliza, el proceso de duelo y adaptación puede vivirse de forma más saludable. Así, la muerte y el duelo dejan de entenderse como un acontecimiento exclusivamente biológico e individual para asumirse como una experiencia relacional, atravesada por vínculos afectivos y por el entorno social en el que acontece.

Este enfoque enlaza con el debate sobre la humanización sanitaria. Humanizar la atención no significa únicamente volcar el peso en que los/as profesionales den un trato cálido —aunque, por supuesto, también—. Humanizar va más allá, consiste en reconocer a las personas en todas sus dimensiones, crear entornos que favorezcan la salud en un sentido amplio, también preventivo, considerando factores sociales, políticos y culturales. Ello exige trasladar la noción de humanismo médico hacia un humanismo sociosanitario, en el que converjan profesionales de distintos ámbitos bajo un marco integral y ecológico, capaz de responder a la complejidad del cuidado.

En este contexto, el trabajo social adquiere un papel esencial. Su aportación no se limita a la tramitación de recursos —aunque este sea uno de sus ejes de intervención—, sino que también introduce en el sistema sociosanitario la perspectiva de los determinantes sociales de la salud y del derecho a una atención equitativa y digna desde una mirada micro, meso y macro. Asimismo, acompaña y contiene a las personas y familias en situación de vulnerabilidad, sostiene los procesos de final de vida y, tras el fallecimiento, puede prolongarse en el apoyo a quienes permanecen.

Ahora bien, para que esta contribución alcance todo su potencial, el trabajo social debe mantener una actitud crítica, reconociendo sus logros y fortalezas, pero también identificar de forma clara y conjunta sus limitaciones. Es esencial avanzar en la especialización, procurar una mayor presencia dentro del ámbito sanitario y visibilizar la riqueza de su labor. Sobre todo porque, a diferencia de los servicios sociales, el trabajo social no es la profesión de referencia en este ámbito. Solo desde esta reflexión interna podrá reforzar su papel y ayudar a que el modelo biopsicosocial deje de ser una aspiración teórica para convertirse en una práctica efectiva, coordinada y multidisciplinar.

En definitiva, la enfermedad constituye solo una circunstancia en la vida de las personas, nunca su identidad. Por ello, el sistema de cuidados debe superar el reduccionismo biomédico y ofrecer una atención integral, empática y coordinada, que incorpore dimensiones físicas, psicológicas, sociales y espirituales. Solo desde esta perspectiva ampliada puede garantizarse que la dignidad permanezca como valor central del cuidado, especialmente en los momentos finales de la vida.

Porque la muerte digna no es únicamente un derecho individual, sino un compromiso colectivo, el de construir un sistema que acompañe sin reducir, que cure o alivie el sufrimiento sin deshumanizar y que reconozca que vivir y morir forman parte de la misma biografía. Y en esa biografía, la dignidad debe ser siempre la última palabra.

REFERENCIAS BIBLIOGRÁFICAS

ABELES, R.; GIFT, H. y ORY, M. (eds.) (1994): *Aging and quality of life*, Nueva York, Springer Publishing Company.

ADAMS, R. (2008): *Empowerment, participation and social work*, Londres, Red Globe Press.

ALARCOS, F. J. (2017): "Humanizar", J. García y F. J. Alarcos (eds.), *10 palabras clave en humanizar la salud*, Navarra, Verbo Divino, pp. 25-64.

ALLISON, H.; GRIPTON, J. y RODWAY, M. (1983): "Social work services as a component of palliative care with terminal cancer patients", *Social Work in Health Care*, 8(4), pp. 29-44, https://n9.cl/evococ.

ALNAJAR, M. *et al.* (2025): "Exploring Palliative Care Needs Among Patients with Cancer and Non-Cancer Serious Chronic Diseases: A Comparison Study", *American Journal of Hospice and Palliative Medicine*, 42(1), pp. 20-31, https://n9.cl/zmmei.

ALVARADO, A. M. y SALAZAR, Á. M. (2014): "Análisis del concepto de envejecimiento", *Gerokomos*, 25(2), pp. 57-62, https://n9.cl/8svsms.

AMARO, M. C. (1998): "Una muerte digna para una vida digna", *Cuadernos de Bioética*, 4, pp. 822-824, https://n9.cl/27y2h.

AMBLÀS, J. *et al.* (2006): "Asistencia al final de la vida", Sociedad Española de Cuidados Paliativos (ed.), *Tratado de geriatría para residentes*, Madrid, Sociedad Española de Cuidados Paliativos, pp. 761-768, https://n9.cl/6atwn.

ANTIFAEFF, K. (2019): "Social work practice with medical assistance in dying: A case study", *Health & Social Work*, 44(3), pp. 185-192, https://n9.cl/ai-l6n.

ARIÈS, P. (2000): *Historia de la muerte en occidente: Desde la edad media hasta nuestros días*, Barcelona, Acantilado.

ASTUDILLO, W. y MENDINUETA, C. (2001): "Importancia del apoyo psicosocial en la terminalidad", W. Astudillo, E. Clavé y E. Urdaneta (eds.), *Necesidades psicosociales en la terminalidad*, Donostia-San Sebastián, Sociedad Vasca de Cuidados Paliativos, pp. 19-41.

Baltes, P. B. y Baltes, M. (1990): *Successful aging: Perspectives from the behavioral sciences*, Cambridge, Cambridge University Press.

Baltes, P. B. y Smith, J. (2004): "Lifespan psychology: From developmental contextualism to developmental biocultural co-constructivism", *Research in Human Development*, 1(3), pp. 123-144, https://n9.cl/a3ozj.

Baquero, J. L. y Baños, J. P. (2019): "Concepción holística del paciente y sus expectativas en torno a la relación médico paciente", Á. Cerame, V. Expósito, M. Á. García, P. Martínez y J. M. Rodríguez (eds.), *Manual de la relación médico paciente*, Madrid, Foro de la Profesión Médica de España, pp. 53-64.

Beauchamp, T. y Childress, J. F. (2001): *Principles of biomedical ethics*, Oxford, Oxford University Press.

Benito, E.; Dones, M. y Babero, J. (2016): "El acompañamiento espiritual en cuidados paliativos", *Psicooncología*, 13(2-3), pp. 367-384, https://n9.cl/hsn4na.

Bermejo, J. C.; Díaz-Albo, E. y Sánchez, E. (2011): *Manual básico para la atención integral en cuidados paliativos*, Madrid, Cáritas Española Editores.

Berzoff, J. (2008): "Working at the end of life: Providing clinically based psychosocial care", *Clinical Social Work Journal*, 36(2), pp. 177-184, https://n9.cl/iiffs5.

Block, S. (2006): "Psychological issues in end-of-life care", *Journal of Palliative Medicine*, 9(3), pp. 751-772, https://n9.cl/k9jen.

Boladeras, M. (ed.) (2015): *Bioética del cuidar: ¿Qué significa humanizar la asistencia?*, Madrid, Tecnos.

Bomba, P.; Morrissey, M. B. y Leven, D. (2011): "Key role of social work in effective communication and conflict resolution process: Medical Orders for Life-Sustaining Treatment (MOLST) Program in New York and shared medical decision making at the end of life", *Journal of Social Work in End-of-Life and Palliative Care*, 7(1), pp. 56-82, https://n9.cl/t8qot.

Bonilla, M. (2017): "El trabajo social en la atención a personas con enfermedad crónica avanzada desde la atención primaria de salud: A propósito de un caso", *Revista de Treball Social*, 210, pp. 81-90, https://n9.cl/cedc2q.

Bont, M. *et al.* (2007): "Eutanasia: Una visión histórico-hermenéutica", *Comunidad y Salud*, 5(2), pp. 34-43, https://n9.cl/hd3dzn.

Bosma, H. *et al.* (2008): *Canadian social work competencies for hospice palliative care: A framework to guide education and practice at the generalist and specialist levels*, https://n9.cl/8rb5n.

Bowlby, J. (1997): *La pérdida afectiva: Tristeza y depresión*, Barcelona, Ediciones Paidós.

British Medical Journal (2000): "A good death", *British Medical Journal*, 320(129), https://n9.cl/lahdc.

Brown, L. y Walter, T. (2014): "Towards a social model of end-of-life care", *The British Journal of Social Work*, 44(8), pp. 2375-2390, https://n9.cl/5wxhv.

Busse, E. (1969): "Behavior and adaptation in late life", E. Busse y E. Pfeiffer (eds.), *Behavior and adaptation in late life*, pp. 11-32, Nueva York, Little Brown.

Calsina-Berna, A. *et al.* (2022): "Prevalence and clinical characteristics of patients with Advanced Chronic Illness and Palliative Care needs, identified with the NECPAL CCOMS-ICO© Tool at a Tertiary Care Hospital", *BMC Palliative Care*, 21(1), p. 210, https://n9.cl/564dy.

Canadian Association of Social Workers (2016): "Physician-assisted death: Discussion paper", https://n9.cl/clrjx3.

Carbonell, Á.; Navarro-Pérez, J. J. y Botija-Yagüe, M. (2021): "El derecho a morir dignamente: Una oportunidad para el impulso ético del Trabajo Social", *Trabajo Social Global*, 11, pp. 1-29, https://n9.cl/ptei9.

Catá, E. *et al.* (2008): "Los cuidados paliativos: Una mirada desde el Trabajo Social", *Trabajo Social Hoy*, 54, pp. 125-142.

Centeno, C. *et al.* (2017): "The Palliative Care Challenge: Analysis of Barriers and Opportunities to Integrate Palliative Care in Europe in the View of National Associations", *Journal of Palliative Medicine*, 20(11), pp. 1195-1204, https://n9.cl/o6g23.

Chan, W. C. H. (2014): "Relationships between psycho-social issues and physical symptoms of hong kong chinese palliative care patients: Insights into social workers' role in symptoms management", *The British Journal of Social Work*, 44(8), pp. 2342-2359, https://n9.cl/t1z9i.

Cheng, X. *et al.* (2020): "Population ageing and mortality during 1990-2017: A global decomposition analysis", *PLOS Medicine*, 17(6), e1003138, https://n9.cl/ky3gc8.

Chochinov, H. M. (2002): "Dignity-conserving care: A new model for palliative carehelping the patient feel valued", *JAMA*, 287(17), pp. 2253-2260, https://n9.cl/toqv7.

Christ, G. H. y Sormanti, M. (2000): "Advancing social work practice in end-of-life care", *Social Work in Health Care*, 30(2), pp. 81-99, https://n9.cl/dd28d.

Clausen, H. *et al.* (2005): "Would palliative care patients benefit from social workers' retaining the traditional 'casework' role rather than working as care managers?: A prospective serial qualitative interview study", *The British Journal of Social Work*, 35(2), pp. 277-285, https://n9.cl/kkk5j.

Colombo, A. y Molinari, R. (2022): "Displacement of Death from Home to Hospital in Historical Perspective: The Case of Italy, 1883-2013", *The Journal of Interdisciplinary History*, 53(3), pp. 439-469, https://n9.cl/ky-3gc8.

Consejería de Sanidad (2022): *II Plan de Humanización de la Asistencia Sanitaria 2022-2025*, https://n9.cl/m6inz.

Consejería de Sanidad de Castilla-La Mancha (2025): *Plan de Humanización de la Asistencia Sanitaria*, https://n9.cl/pq1i2.

Consejo General de Colegios Oficiales de Médicos (2011): *Código de deontología médica: Guía de ética médica*, https://n9.cl/oebah.

Consejo General del Trabajo Social (2018): *Código deontológico de trabajo social*.

Cortes Generales (1999): Diario de Sesiones del Senado, https://n9.cl/rs-8pw.

Csikai, E. L. (2004): "Social workers' participation in the resolution of ethical dilemmas in hospice care", *Health & Social Work*, 29(1), pp. 67-76, https://n9.cl/8w7va.

D'Urbano, E. (2016): *Trabajo Social y cuidados paliativos: Un aporte para los equipos de salud*, Bolívar, Espacio Editorial.

Da Costa, T. E. *et al*. (2003): "Fatores determinantes da capacidade funcional entre idosos", *Revista Saúde Pública*, 37(1), pp. 40-48, https://n9.cl/nqiqsy.

Del Río, M. I. y Palma, A. (s.f.): "Cuidados paliativos: Historia y desarrollo", *Boletín Escuela de Medicina de la Pontifica Universidad Católica de Chile*, 31(1), pp. 16-22, https://n9.cl/2eqg.

Departamento de Salud (2024): *Estrategia de Humanización del Sistema sanitario público de Navarra*, https://n9.cl/uil45.

Devriendt, W.; Heylen, F. y Jacobs, A. (2023): "Coping with demographic change: Macroeconomic performance and welfare inequality effects of public pension reform", *Journal of Pension Economics & Finance*, 22(3), pp. 425-449, https://n9.cl/7y7lu.

Di Maio, L. R. (2014): "El tema del duelo en la práctica del trabajador social", *Trabajo Social*, 17, pp. 239-252, https://n9.cl/slu64.

Domingo, M. (2009): "Envejecimiento exitoso", *Revista Médica Clínica Las Condes*, 20(2), pp. 167-174, https://n9.cl/hwgfo.

Ellershaw, J. y Ward, C. (2003): "Care of the dying patient: The last hours or days of lifecommentary: A "good death" is possible in the NHS", *BMJ*, 326, pp. 30-34, https://n9.cl/gf6rz.

Engel, G. (1977): "The need for a new medical model: A challenge for biomedicine", *Psychodynamic Psychiatry*, 40(3), pp. 377-396, https://n9.cl/m17xo.

— (1980): "The clinical application of the biopsychosocial model", *American Journal of Psychiatry*, 137(5), pp. 535-544, https://n9.cl/olyxm.

Escobar, J. M. y Uribe, M. (2014): *Avances en psiquiatría desde un modelo biopsicosocial*, Bogotá, Universidad de los Andes.

Espericueta, L. (2025): "Tres años de la eutanasia en España: Datos, controversias y retos", *Medicina Clínica*, 165(3), 107037, https://n9.cl/d07td.

Esquivel, J. (2004): *El derecho a una muerte digna: La eutanasia*, https://n9.cl/1ykq.

European Association for Palliative Care (2013): *Recommendations of the European Association for Palliative Care (EAPC) for the development of undergraduate curricula in palliative medicine at european medical schools*, https://n9.cl/ry5510.

Eurostat (2025a): Life expectancy by age and sex, https://n9.cl/hj0627.

— (2025b): Population structure indicators at national level, https://n9.cl/toig5g.

— (2025c): Short-term population projections (2024-2050), https://n9.cl/icy2j.

Federación Internacional de Trabajadores Sociales (2018): *Declaración global de principios éticos del trabajo social*, https://n9.cl/yhlgi.

Fernández-Ballesteros, R. (1985): "Hacia una vejez competente: Un desafío a las ciencias y la sociedad", M. Carretero, J. Palacios y Á. Marchesi (eds.), *Psicología evolutiva III: adolescencia, madurez y senectud*, pp. 239-258, Madrid, Alianza Editorial.

Ferreira, J.; Tavares, T. B. y Resgala, R. M. (2023): "Evoluções E Involuções Da Visão Social Da Morte No Ocidente: A Psicologia Hospitalar E Sua Atuação Na Terminalidade Da Vida", *Revista Ibero-Americana de Humanidades, Ciências e Educação*, 9(9), pp. 2054-2072, https://n9.cl/bupsp.

Fundación Humans (2017): *Análisis de situación de los aspectos humanísticos de la atención sanitaria en España*, https://n9.cl/zcfvi.

Ganzini, L. *et al*. (2009): "Mental health outcomes of family members of oregonians who request physician aid in dying", *Journal of Pain and Symptom Management*, 38(6), pp. 807-815, https://n9.cl/o1p66.

García-Aguña, S. (2021): "Trabajo social en la humanización de la asistencia sanitaria ante procesos de finalización de la vida: Revisión de un caso práctico", *Trabajo social hoy*, 92, pp. 27-51, https://n9.cl/wv3o3m.

— (2024): "Trabajo social en las prestaciones de ayuda para morir en la Comunidad Autónoma de Madrid", *Cuadernos de Trabajo Social*, 37(1), artículo 1, https://n9.cl/kyyqm.

Garfein, A. J. y Herzog, A. R. (1995): "Robust aging among the young-old, old-old, and oldest-old", *The Journals of Gerontology: Series B*, 50(2), pp. 77-87, https://n9.cl/5q9ef3.

Generalitat Valenciana (2025): Plan de humanización de la asistencia sanitaria del sistema valenciano de salud 2025-2028, https://n9.cl/ekx37.

Gilleard, C. y Higgs, P. (2021): *Social Divisions and Later Life: Difference, Diversity and Inequality*, Bristol, Bristol University Press.

Gobierno del Principado de Asturias (2024): Plan de humanización del sistema sanitario del Principado de Asturias, https://n9.cl/yi453.

González, A. (2016): "Revisión del concepto de suicidio desde una perspectiva filosófica, jurídica y psiquiátrica", *Derecho y Cambio Social*, 45, pp. 1-15, https://n9.cl/ii3r4.

González, A. *et al*. (2015): "El desarrollo de un exitoso modelo de atención integrada", *International Journal of Integrated Care*, 15(8), https://n9.cl/l9qdcv.

Grau, J. y Scull, M. (2013): "Necesidades psicosociales y espirituales al final de la vida: Un reto en la atención a la salud", Asociación Latioamericana de Psicología de la Salud-ALAPSA (ed.), *Tópicos selectos en psicología de la salud: Aportes latinoamericanos*, pp. 165-213, Ducere.

Grodzicki, T.; Piotrowicz, K. y Sulicka, J. (2018): "Multimorbidity and polypharmacy in the elderly with cardiovascular diseases", A. J. Camm, T. F. Lüscher, G. Maurer y P. W. Serruys (eds.), *The ESC Textbook of Cardiovascular Medicine*, pp. 2936-2939, Oxford, Oxford University Press, https://n9.cl/usf5v.

Grundy, E. M. y Murphy, M. (2017): "Population ageing in Europe", J.-P. Michel, B. L. Beattie, F. C. Martin y J. Walston (eds.), *Oxford Textbook of Geriatric Medicine*, pp. 11-18, Oxford, Oxford University Press, https://n9.cl/cox2f.

Hanson, M. A. y Gluckman, P. D. (2011): "Developmental origins of health and disease: Moving from biological concepts to interventions and policy", *International Journal of Gynecology & Obstetrics*, 115(1), pp. 3-5, https://n9.cl/2001s.
Harding, R. y Higginson, I. J. (2003): "What is the best way to help caregivers in cancer and palliative care?: A systematic literature review of interventions and their effectiveness", *Palliative Medicine*, 17(1), pp. 63-74, https://n9.cl/7yjwo.
Herreros, B.; Palacios, G. y Pacho, E. (2012): "Limitación del esfuerzo terapéutico", *Revista Clínica Española*, 212(3), pp. 134-140, https://n9.cl/v734ki.
Hewa, S. (2016): "Theories of disease causation: Social epidemiology and epidemiological transition", *Galle Medical Journal*, 20(2), pp. 26-32, https://n9.cl/rhnnv.
Holmes, K. A. (1980): "Euthanasia: A social work perspective", *Health & Social Work*, 5(4), pp. 5-12, https://n9.cl/yrq4me.
Ilustre Colegio Oficial de Médicos de Segovia (s.f.): Juramento de Hipócrates, Comisión Deontológica, https://n9.cl/7v7qk.
Instituto Nacional de Estadística (2023): Indicadores de Mortalidad: Esperanza de vida al nacimiento según sexo, https://n9.cl/3kih8.
— (2024a): Estadística continua de población, https://n9.cl/v6sgj.
— (2024b): Indicadores de Estructura de la Población: Edad Media de la Población por comunidad autónoma, según sexo, https://n9.cl/yudkc.
— (2024c): Indicadores de Estructura de la Población. Índice de envejecimiento, https://n9.cl/uzgn7.
Instituto Nacional de la Salud (1984): *Plan de humanización de la asistencia hospitalaria*, https://n9.cl/vgz5s.
Junta de Andalucía (2021): Plan de humanización del sistema sanitario público, Consejería de Salud y Familias, https://n9.cl/7wo02.
Junta de Castilla y León (2021): Plan persona, https://n9.cl/x73uki.
Junta de Extremadura (2025): Plan de Acción de Humanización de la Atención Sanitaria del Servicio Extremeño de Salud, https://n9.cl/yh18a.
Laín, P. (1985): "Hacia el verdadero humanismo médico", *Revista de Occidente*, 47, pp. 33-47, https://n9.cl/vyhsj.
Lazarus, R. y Lazarus, B. (2006): *Coping with aging*, Oxford, Oxford University Press.
Lima, A. I. y González-Rodríguez, R. (2017): "La intervención social en el final de la vida", *Servicios Sociales y Política Social*, 114, pp. 11-18, https://n9.cl/tp8wt.
Limonero, J. T. (2001): "Evaluación de necesidades y preocupaciones en enfermos en situación terminal", *Revista de Psicología de la Salud*, 13(2), pp. 63-77, https://n9.cl/lvz3v.
Llop-Medina, L. *et al.* (2024): "Enhancing the Adult and Paediatric Palliative Care System: Spanish Professionals' and Family Caregivers' Suggestions for Comprehensive Improvement", *Healthcare*, 12(1), pp. 1-16, https://n9.cl/hml6n1.

Lloyd, M. (2000): "Where has all the care management gone?: The challenge of Parkinson's disease to the health and social care interface", *The British Journal of Social Work*, 30(6), pp. 737-754, https://n9.cl/en47z.
Lourida, I. *et al.* (2022): "The impact of long-term conditions on disability-free life expectancy: A systematic review", *PLOS Global Public Health*, 2(8), e0000745, https://n9.cl/pf4v5.
Maciá, R. (2008): El concepto legal de muerte digna, https://n9.cl/y4taq1.
Maglio, I. *et al.* (2016): "El derecho en los finales de la vida y el concepto de muerte digna", *Revista americana de medicina respiratoria*, 16(1), pp. 71-77, https://n9.cl/m4os2j.
Maresova, P. *et al.* (2019): "Consequences of chronic diseases and other limitations associated with old age: A scoping review", *BMC Public Health*, 19(1), p. 1431, https://n9.cl/ocwywr.
Martín, M. (2020): Evolución histórica del concepto de eutanasia, Congreso Virtual Internacional de Psiquiatría, Psicología y Enfermería en Salud Mental, https://n9.cl/67q6j6.
Martínez, L. C. (2019): "Núcleo ético de la humanización práctica de la atención sanitaria", Á. Cerame, V. Expósito, M. Á. García, P. Martínez y J. M. Rodríguez (eds.), *Manual de la relación médico-paciente*, pp. 201-216, Madrid, Foro de la Profesión Médica de España.
McPherson, M. L. y Kitko, L. (2024): "Interprofessional Palliative Care Education in Academic Settings", D. Donesky, M. M. Milic, N. T. Saks, C. Wallace y B. A. Head (eds.), *Intentionally Interprofessional Palliative Care: Synergy in Education and Practice*, pp. 163-186, Oxford, Oxford University Press, https://n9.cl/84l27d.
Miller, P. J.; Hedlund, S. C. y Murphy, K. A. (1998): "Social work assessment at end of life: Practice guidelines for suicide and the terminally ill", *Social Work in Health Care*, 26(4), pp. 23-36, https://n9.cl/16r75h.
Miller, P. J.; Hedlund, S. C. y Soule, A. B. (2006): "Conversations at the end of life", *Journal of Social Work in End-of-Life & Palliative Care*, 2(2), pp. 25-43, https://n9.cl/coldf4.
Ministerio de Sanidad (2024): *Informe de evaluación anual 2023 sobre la prestación de ayuda para morir*, https://n9.cl/x4ffu.
Ministerio de Sanidad y Consumo (2001): *Plan Nacional de Cuidados Paliativos: Bases para su desarrollo*, https://n9.cl/cmlerf.
— (2007): *Estrategia en cuidados paliativos del Sistema Nacional de Salud*, https://n9.cl/n2nhf.
— (2008): *Guía de práctica clínica sobre cuidados paliativos*, Eusko Jaurlaritzaren Argitalpen Zerbitzu Nagusia, https://n9.cl/wovh7.
Moliner, M. (1999): *Diccionario de uso del español*, Barcelona, Gredos.
Monroe, B. (1983): "Social work in palliative care", D. Doyle, G. Hanks y N. MacDonald (eds.), *Oxford textbook of palliative medicine*, pp. 565-574, Oxford, Oxford University Press.
Morin, E. (1974): *El hombre y la muerte*, Barcelona, Editorial Kairós.

Moro, M. P. y Lerena, I. (2011): "El Trabajador Social como agente de cambio en cuidados paliativos", *Documentos de Trabajo Social*, 47, pp. 270-276, https://n9.cl/pi7r4.

Moya, A. (2015): "General systems theory and systems biology", *The Calculus of Life: Towards a Theory of Life*, pp. 25-30, Nueva York, Springer International Publishing, https://n9.cl/e1ilft.

Mroz, S. *et al*. (2021): "Assisted dying around the world: A status quaestionis", *Annals of Palliative Medicine*, 10(3), pp. 3540553-3543553, https://n9.cl/yhfku.

National Institute for Clinical Excellence (2004): *Improving supportive and palliative care for adults with cancer*, https://n9.cl/tiw90.

Neimeyer, R. (2002): *Aprender de la pérdida: Una guía para afrontar el duelo*, Barcelona, Ediciones Paidós.

Nelleke, P. A. L. *et al*. (2024) : "A care pathway for older patients with multimorbidity including cancer – Design of the GERONTE pathway", *Journal of Geriatric Oncology*, 15(2), p. 101654, https://n9.cl/tekoe.

Novellas, A. (2017): "La atención de situaciones de final de vida desde Trabajo Social", *Revista de Treball Social*, 210, pp. 37-53, https://n9.cl/n63ui.

— (2018): "La familia en el contexto del fallecimiento", A. Novellas, M. P. Munuera, J. Lluch y X. Gómez-Batiste (eds.), *Manual para la atención psicosocial y espiritual a personas con enfermedades avanzadas*, Valencia, Obra Social La Caixa, pp. 101-111.

O'Connor, M. y Fisher, C. (2011): "Exploring the dynamics of interdisciplinary palliative care teams in providing psychosocial care: "Everybody thinks that everybody can do it and they can't"", *Journal of Palliative Medicine*, 14(2), pp. 191-196, https://n9.cl/d1ku9.

Oficina de Ciencia y Tecnología del Congreso de los Diputados (2023): *Informe C: Envejecimiento y bienestar*.

Oliviere, D. (2001): "The social worker in palliative care-the 'eccentric' role", *Progress in Palliative Care*, 9(6), pp. 237-241, https://n9.cl/1g48z.

Organización de las Naciones Unidas para la Educación, la Ciencia y la Cultura (2005): *Declaración Universal sobre Bioética y Derechos Humanos*, https://n9.cl/nq27j1.

Organización Médica Colegial de España (s.f.): *Atención médica al final de la vida: Conceptos*, https://n9.cl/zhk7mx.

Organización Mundial de la Salud (2002): "Envejecimiento activo: Un marco político", *Revista Española de Geriatría y Gerontología*, 37(2), pp. 74-105, https://n9.cl/w8bjq.

— (2019): *Década del envejecimiento saludable 2020-2030*, https://n9.cl/wugsz.

Pérez, M. J. *et al*. (2025): "Analysis of Aging in Spain: Contemporary Sociological and Demographic Implications", *Societies*, 15(2), p. 46, https://n9.cl/35rlok.

Platón (1872): *Obras completas de Platón* (P. de Azcárate, trad.), Madrid, Medina y Navarro.

Poch, C. y Herrero, O. (2003): *La muerte y el duelo en el contexto educativo: Reflexiones, testimonios y actividades*, Barcelona, Ediciones Paidós.
Potter, V. R. (1970): "Bioethics, the science of survival", *Perspectives in Biology and Medicine*, 14(1), pp. 127-153, https://n9.cl/fmhft.
— (1971): *Bioethics, bridge to the future*, Nueva Jersey, Prentice-Hall.
Quinaglia, É. (2019): "Ideario de la muerte en Occidente: La bioética en una perspectiva antropológica crítica", *Revista Bioética*, 27(1), pp. 38-45, https://n9.cl/a155k.
Ramos, J. (2001): "Las facetas de lo mental", *Ideas y Valores*, 117, pp. 21-36, https://n9.cl/od61x.
Real Academia Española (s.f.a): "Humanizar", *Diccionario de la lengua española*, https://n9.cl/7s1qo.
— (s.f.b): "Eugenesia", *Diccionario de la lengua española*, https://n9.cl/bxso08.
Real Academia Nacional de Medicina de España (s.f.): "Eutanasia pasiva", *Diccionario de términos médicos*, https://n9.cl/zicjz.
Ríos-Piedrahíta, A. F. y Baena-Álvarez, C. (2019): "Cuidado paliativo, una mirada integral", *Medicina de Familia Andalucía*, 20(2), pp. 162-174, https://n9.cl/u19nd.
Rodrigues, J. C. (2006): *Tabu da morte*, Brasil, Fiocruz.
Román, B. (2013): "Para la humanización de la atención sanitaria: Los cuidados paliativos como modelo", *Medicina Paliativa*, 20(1), pp. 19-25, https://n9.cl/y9uoo.
Rose, S. y Sheldon, W. (2006): "The role of social work in the ICU: Reducing family distress and facilitating end-of-life decision-making", *Journal of Social Work in End-of-Life and Palliative Care*, 2(2), pp. 3-23, https://n9.cl/fwzulm.
Rowe, J. W. y Kahn, R. L. (1997): "Successful aging", *The Gerontologist*, 37(4), pp. 433-440, https://n9.cl/51mie.
Rubio, O. y Ventura, L. (2020): "Limitación de soporte vital: Cuidados paliativos y final de vida en UCI", *Revista de Bioética y Derecho*, 48, pp. 81-93, https://n9.cl/4v4zx.
Ruiz, A. C. (2020): "El duelo desde el Trabajo Social: Experiencia de intervención social con grupos", *Documentos de trabajo social: Revista de trabajo y acción social*, 63, pp. 29-42, https://n9.cl/hgohh.
Ruiz, A. C. y Palma, M. de las O. (2021): *Resiliencia en procesos de duelo: Claves de intervención social tras la pérdida de un ser querido*, Barcelona, Gedisa.
San Sebastian-Kortajarena, M. y Idareta, F. (2019): "Comités de ética en intervención social en España: Estudio comparado", *Trabajo Social Global*, 9(16), pp. 133-153, https://n9.cl/s5ayr
Sánchez, B. (2023): "Eutanasia y suicidio asistido: Un estudio comparado de las novedades en Alemania, Austria, Portugal y España", *Teoría y Realidad Constitucional*, 52, pp. 579-608, https://n9.cl/ebokev.
Sánchez-Gutiérrez, M. E. *et al.* (2022): "Analysis of Regional Palliative Care Strategies: Do Health Policies Influence the Development of Assistance Coverage?", *International Journal of Health Services*, 52(3), pp. 392-399, https://n9.cl/bvhll4.

Saunders, C. (1998): "Foreword", D. Doyle, G. Hanks y N. MacDonald (eds.), *Oxford textbook of palliative medicine*, Oxford, Oxford Medical Publications.
Saunders, C. y Banes, M. (1983): *Living with dying: Management of terminal desease*, Oxford, Oxford Medicine Publications.
Servei de Salut de les Illes Balears (2022): *Plan de Humanización en el Ámbito de la Salud*, https://n9.cl/vbcpv.
Servicio Aragonés de Salud (2025): Estrategia de activación de la humanización en el ámbito sanitario de la Comunidad Autónoma de Aragón, https://n9.cl/9vr1y.
Sheldon, F. M. (2000): "Dimensions of the role of the social worker in palliative care", *Palliative Medicine*, 14(6), pp. 491-498, https://n9.cl/gy8rb.
Simón, P. *et al*. (2008): "Ética y muerte digna: Propuesta de consenso sobre un uso correcto de las palabras", *Revista de Calidad Asistencial*, 23(6), pp. 271-285, https://n9.cl/opoa7.
Small, N. (2001): "Social work and palliative care", *The British Journal of Social Work*, 31(6), pp. 961-971, https://n9.cl/o6jjh.
Sociedad Española de Cuidados Paliativos (s.f.a): Guía de cuidados paliativos, https://n9.cl/wmavh.
— (s.f.b): *Historia de los cuidados paliativos y el movimiento hospice*, https://n9.cl/7xyaw.
Solís, J. (2018): "Autonomismo y humanización de la asistencia sanitaria ¿una pareja de hecho?", *Persona y Bioética*, 22(2), pp. 263-270, https://n9.cl/tfnwz.
Stilos, K. *et al*. (2016): "Improving end-of-life care through quality improvement", *International Journal of Palliative Nursing*, 22(9), pp. 430-434, https://n9.cl/okycr4.
TERMCAT (s.f.): "Abordaje interdisciplinar", *Terminologia de la cronicitat*, https://n9.cl/eiihe7.
Tizón, J. L. (2007): "A propósito del modelo biopsicosocial, 28 años después: epistemología, política, emociones y contratransferencia", *Atención Primaria*, 39(2), pp. 93-97, https://n9.cl/5dv9l.
Torralba, F. (1998): *Antropología del cuidar*, Madrid, Fundación Mapfre.
Tosao, C. (2012): "Abordaje aconfesional de la espiritualidad en cuidados paliativos", *Formación Médica Continuada en Atención Primaria*, 19(6), pp. 331-338, https://n9.cl/4snam.
Turabián, J. L. y Pérez-Franco, B. (2014): "Viaje a lo esencial invisible: Aspectos psicosociales de las enfermedades", *SEMERGEN*, 40(2), pp. 65-72, https://n9.cl/391uw.
— (2017): "Grandes misterios. ¿Puedes ver al monstruo del lago Ness?: El modelo biopsicosocial y las actividades comunitarias", *Atención Primaria*, 39(5), pp. 261-264, https://n9.cl/52muo.
Twycross, R. (1980): "Hospice care: Redressing the balance in medicine", *Journal of the Royal Society of Medicine*, 73, pp. 475-481, https://n9.cl/9ejgxm.
Unión Europea (2002): Carta europea de los derechos de los pacientes, https://n9.cl/daodl.

Vanzini, L. (2010): "El Trabajo Social en el ámbito de los cuidados paliativos: Una profundización sobre el rol profesional", *Documentos de Trabajo Social*, 47, pp. 184-199, https://n9.cl/yx2kq.

Velasco-Bernal, C. y Trejo-Gabriel-Galán, J. M. (2022): "Leyes de eutanasia en España y en el mundo: Aspectos médicos", *Atención Primaria*, 54(1), p. 102170, https://n9.cl/b4bgc.

Wolfe, C. T. y Gal, O. (eds.) (2010): *The Body as Object and Instrument of Knowledge: Embodied Empiricism in Early Modern Science*, Nueva York, Springer Publishing Company, https://n9.cl/u9gz3.

Worden, W. (1997): *El tratamiento del duelo: Asesoramiento psicológico y terapia*, Barcelona, Ediciones Paidós.

World Federation of Right to Die Societies (1970): *A plea for beneficient euthanasia*, https://n9.cl/33ma5.

Worth, A. (2001): "Assessment of the needs of older people by district nurses and social workers: A changing culture?", *Journal of Interprofessional Care*, 15(3), pp. 257-266, https://n9.cl/4eiu57.

Xunta de Galicia (2019): *Estrategia de humanización de la asistencia sanitaria*, https://n9.cl/rrn37.

Yousefi, H. y Abedi, H. A. (2011): "Spiritual care in hospitalized patients", *Iranian journal of nursing and midwifery research*, 16(1), pp. 125-132, https://n9.cl/xjrmo.

Yousuf-Abramson, S. (2021): "Worden's tasks of mourning through a social work lens", *Journal of Social Work Practice*, 35(4), pp. 367-379, https://n9.cl/d6fbl.

Zanei, A. *et al.* (2019): "A medicalização da morte e os cuidados paliativos", *Revista Enfermagem*, 27, e41021, https://n9.cl/ke628.

Zarco, J. (2017): "No es lo mismo humanización que humanismo: Hacia el humanismo sociosanitario", *El Blog de Julio Zarco*, https://n9.cl/izwhw.

Zarco, J. y Martín, J. A. (2024): *Situación de la Humanización de la atención sanitaria en España: Revisión 2023-2024*, https://n9.cl/khcl2.

REFERENCIAS LEGISLATIVAS

Asamblea General (1948): Declaración Universal de los Derechos Humanos, https://n9.cl/p9jhk.

Código Penal (artículos 114 y 115) (2006): Tribunal Federal de Suiza, https://n9.cl/3b6wpn.

Constitución Española, *Boletín Oficial del Estado*, 311, de 29 de diciembre de 1978, https://n9.cl/5qga

Instrumento de Ratificación del Convenio para la protección de los derechos humanos y la dignidad del ser humano con respecto a las aplicaciones de la Biología y la Medicina, *Boletín Oficial del Estado*, 251, de 20 de octubre de 1999, pp. 36825-36830, https://n9.cl/qx1hd

Ley 1/2015, de 9 de febrero, de derechos y garantías de la dignidad de la persona ante el proceso final de su vida, *Boletín Oficial del Estado*, 54, de 4 de marzo de 2015, pp. 20101- 20116, https://n9.cl/b5jxyu.

Ley 1/2015, de 9 de febrero, de derechos y garantías de la dignidad de la persona ante el proceso final de su vida, *Boletín Oficial del Estado*, 54, de 4 de marzo de 2015, pp. 20101-20116, https://n9.cl/b5jxyu.

Ley 10/2011, de 24 de marzo, de derechos y garantías de la dignidad de la persona en proceso de morir y de la muerte, *Boletín Oficial del Estado*, 115, de 14 de mayo de 2011, pp. 49076-49093, https://n9.cl/a8jdn.

Ley 11/2016, de 8 de julio, de garantía de los derechos y de la dignidad de las personas en el proceso final de su vida, *Boletín Oficial del Estado*, 175, de 21 de julio de 2016, pp. 51143-51157, https://n9.cl/imw46.

Ley 14/1986, de 25 de abril, General de Sanidad, *Boletín Oficial del Estado*, 102, de 29 de abril de 1986, pp. 15207-1522, https://n9.cl/n4i6.

Ley 16/2003, de 28 de mayo, de cohesión y calidad del Sistema Nacional de Salud, *Boletín Oficial del Estado*, 128, de 29 de mayo de 2003, pp. 20567-20588, https://n9.cl/oyzuce.

Ley 16/2010, de 3 de junio, de modificación de la Ley 21/2000, de 29 de diciembre, sobre los derechos de información concerniente a la salud y la autonomía del paciente, y la documentación clínica, *Boletín Oficial del Estado*, 156, de 28 de junio de 2010, pp. 56462-56467, https://n9.cl/pv6vh.

Ley 16/2018, de 28 de junio, de derechos y garantías de la dignidad de la persona en el proceso de atención al final de la vida, *Boletín Oficial del Estado*, 183, de 30 de julio de 2018, pp. 1-21, https://n9.cl/qc1vu3.

Ley 2/2010, de 8 de abril, de derechos y garantías de la dignidad de la persona en el proceso de la muerte, *Boletín Oficial del Estado*, 127, de 25 de mayo de 2010, pp. 1-16, https://n9.cl/r1bed.

Ley 21/2000, de 29 de diciembre, sobre los derechos de información concernientes a la salud y la autonomía del paciente, y la documentación clínica, *Boletín Oficial del Estado*, 29, de 2 de febrero de 2001, pp. 4121-4125, https://n9.cl/7kvgzm.

Ley 22/2023 de 25 de mayo que regula las condiciones en que la muerte asistida no es punible y modifica el Código Penal, *Diàrio da República*, 101, de 25 de maio de 2023, pp. 10-20, https://n9.cl/qq5l5

Ley 4/2015, de 23 de marzo, de derechos y garantías de la persona en el proceso de morir, *Boletín Oficial del Estado*, 96, de 22 de abril de 2015, pp. 34962-34981, https://n9.cl/ufiq3.

Ley 4/2017, de 9 de marzo, de Derechos y Garantías de las Personas en el Proceso de Morir, *Boletín Oficial Comunidad de Madrid*, 69, de 22 de marzo de 2017, pp. 51701-51716, https://n9.cl/dl18n.

Ley 41/2002, de 14 de noviembre, básica reguladora de la autonomía del paciente y de derechos y obligaciones en materia de información y documentación clínica, *Boletín Oficial del Estado*, 274, de 15 de noviembre de 2002, pp. 40126-40132, https://n9.cl/i4hlmo.

Ley 44/2003, de 21 de noviembre, de ordenación de las profesiones sanitarias, *Boletín Oficial del Estado*, 280, de 22 de noviembre de 2003, pp. 41442-41458, https://n9.cl/vhkoy.

Ley 5/2015, de 26 de junio, de derechos y garantías de la dignidad de las personas enfermas terminales, *Boletín Oficial del Estado*, 133, de 16 de julio de 2015, pp. 1-15, https://n9.cl/spe8bx.

Ley 5/2018, de 22 de junio, sobre derechos y garantías de la dignidad de las personas en el proceso del final de la vida, *Boletín Oficial del Estado*, 181, de 27 de julio de 2018, pp. 74908-74924, https://n9.cl/2igen.

Ley 55/2003, de 16 de diciembre, del Estatuto Marco del personal estatutario de los servicios de salud, *Boletín Oficial del Estado*, 301, de 17 de diciembre de 2003, pp. 44742-44763, https://n9.cl/bx7w7.

Ley C-14 (2016): Legislación de Canadá, https://n9.cl/mm8af.

Ley de 16 de marzo de 2009 sobre la eutanasia y la asistencia al suicidio (2009, 16 de marzo): Diario Oficial del Gran Ducado de Luxemburgo, https://n9.cl/hjl8ne.

Ley de ayuda a morir para enfermos terminales (2019, 12 de abril): Legislatura de Nueva Jersey, https://n9.cl/gzqxz.

Ley de elección para el final de la vida de 2019 (2021, 28 de octubre): Legislación de Nueva Zelanda, https://n9.cl/bohds.

Ley de muerte asistida de 2017 (2020, 19 de junio): Registro Federal de Legislación de Victoria (Australia), https://n9.cl/742bo.

Ley de muerte asistida de 2019 (2020, 19 de diciembre): Registro Federal de Legislación de Australia Occidental, https://n9.cl/8az14.

Ley de muerte con dignidad de Oregón (1994): Autoridad de Salud de Oregón, https://n9.cl/1rtay.

Ley de muerte con dignidad de Washington (2008, 4 de noviembre): Legislatura del Estado de Washington, https://n9.cl/nsl1l.

Ley de muerte digna (2016, 23 de diciembre): Estado de Washington D.C., https://n9.cl/lflzm.

Ley de muerte voluntaria asistida (2021, 23 de septiembre): Registro Federal de Legislación de Queensland, https://n9.cl/gkhyuy.

Ley de muerte voluntaria asistida (2023, 29 de noviembre): Registro Federal de Legislación de Nueva Gales, https://n9.cl/y204ap.

Ley de muerte voluntaria asistida (2023, 31 de enero): Registro Federal de Legislación de Tasmania, https://n9.cl/3m539.

Ley de muerte voluntaria asistida (2025, 03 de noviembre): Registro Federal de Legislación de Territorio de la capital de Australia, https://n9.cl/5b3cm.

Ley de opción de fin de vida (2021, 10 de junio): Información Legislativa de California, https://n9.cl/8misbq.

Ley de opciones para el final de la vida de Colorado (2016, 8 de abril): Secretariado de Estado de Colorado, https://n9.cl/m91jg.

Ley de opciones para el final de la vida de Elizabeth Whitefield (2021, 18 de junio): Legislatura de Nuevo México, https://n9.cl/rwt18a.

Ley de Vermont de elección y control del paciente al final de la vida (2013, 20 de mayo): Legislatura de Vermont, https://n9.cl/dvue65.

Ley del 28 de mayo del 2002 relativa a la eutanasia (2002, 20 de septiembre): Boletín Oficial de Bélgica, https://n9.cl/zdzts.

Ley federal que promulga una ley de testamento y modifica la ley de sustancias estupefacientes y el código penal (2021, 16 de diciembre): Parlamento de la República de Austria, https://n9.cl/90aq9.

Ley Foral 8/2011, de 24 de marzo, de derechos y garantías de la dignidad de la persona en el proceso de la muerte, *Boletín Oficial del Estado*, 99, de 26 de abril de 2011, pp. 42304-42315, https://n9.cl/2xrsci.

Ley nuestro cuidado, nuestra elección (2019, 1 de enero): Estado de Hawái, https://n9.cl/cocm2.

Ley opciones en fin de vida (2021, 22 de abril): Registro Federal de Legislación de Tasmania, https://n9.cl/yhnfv.

Ley Orgánica 3/2021, de 24 de marzo, de regulación de la eutanasia, *Boletín Oficial del Estado*, 72, de 25 de marzo de 2021, pp. 34037-34048, https://n9.cl/kzs9r7.

Real Decreto 1030/2006, de 15 de septiembre, por el que se establece la cartera de servicios comunes del Sistema Nacional de Salud y el procedimiento para su actualización, *Boletín Oficial del Estado*, 222, de 16 de septiembre de 2006, pp. 32650-32679. https://n9.cl/2r224.

Real Decreto 124/2007, de 2 de febrero, por el que se regula el Registro nacional de instrucciones previas y el correspondiente fichero automatizado de datos de carácter personal, *Boletín Oficial del Estado*, 40, de 15 de febrero de 2007, pp. 6591-6593, https://n9.cl/3uarl.

Real Decreto 1723/2012, de 28 de diciembre, por el que se regulan las actividades de obtención, utilización clínica y coordinación territorial de los órganos humanos destinados al trasplante y se establecen requisitos de calidad y seguridad, *Boletín Oficial del Estado*, 313, de 29 de diciembre de 2012, pp. 89315-89348, https://n9.cl/4e2qd.

Real Decreto 63/1995, de 20 de enero, sobre ordenación de prestaciones sanitarias del Sistema Nacional de Salud, *Boletín Oficial del Estado*, 35, de 10 de febrero de 1995, pp. 4538-4543, https://n9.cl/t8z6k.

Recomendación 1418 (1999) sobre la protección de los derechos humanos y la dignidad de los enfermos terminales y moribundos, adoptada el 25 de junio de 1999.

Recomendación 24 (2003) del Comité de Ministros de los estados miembros sobre organización de cuidados paliativos, adoptada el 12 de noviembre de 2003.

Recomendación 779 (1976) del Consejo de Europa sobre los derechos de los enfermos y moribundos, *Asamblea Parlamentaria del Consejo de Europa*, adoptada el 29 de enero de 1976.

Resolución (1995) sobre el respeto de los derechos humanos en la Unión Europea, adoptada el 28 de abril de 1997.

Resolución 613 (1976) del Consejo de Europa sobre los derechos de los enfermos y moribundos, *Asamblea Parlamentaria del Consejo de Europa*, adoptada el 29 de enero de 1976.

Resolución B6-0132/2008 (2008) del Parlamento Europeo sobre la lucha contra el cáncer en la Unión Europea.

Sentencia 242/2019 (2019, 27 de noviembre): Tribunal Constitucional de Italia, https://n9.cl/a7noud.
Sentencia 67-23-IN/24 (2024, 05 de febrero): Corte Constitucional de Ecuador, https://n9.cl/47iqg.
Sentencia C-237 (1997): Corte Constitucional de Colombia, https://n9.cl/7xbom.
Sentencia Segundo Senado de Alemania (2020, 26 de febrero): Tribunal Constitucional Alemán, https://n9.cl/3tez4k.
Terminación de la vida a petición y acto de suicidio asistido (2001, 12 de abril): Boletín Oficial del Reino de los Países Bajos, https://n9.cl/u6t1v.